跨学科统整

国家课程的校本化实施

洪俊 刘徽 —— 主编

华东师范大学出版社
·上海·

图书在版编目(CIP)数据

跨学科统整:国家课程的校本化实施/洪俊,刘徽主编.——上海:华东师范大学出版社,2020
 ISBN 978-7-5760-0536-3

Ⅰ.①跨… Ⅱ.①洪…②刘… Ⅲ.①课程设计-教学研究-小学 Ⅳ.①G622.3

中国版本图书馆 CIP 数据核字(2020)第 137893 号

跨学科统整:国家课程的校本化实施

主　编　洪　俊　刘　徽
责任编辑　彭呈军
特约审读　陈成江
责任校对　李　睿　时东明
装帧设计　卢晓红

出版发行　华东师范大学出版社
社　　址　上海市中山北路 3663 号　邮编 200062
网　　址　www.ecnupress.com.cn
电　　话　021-60821666　行政传真 021-62572105
客服电话　021-62865537
门市(邮购)电话 021-62869887
地　　址　上海市中山北路 3663 号华东师范大学校内先锋路口
网　　店　http://hdsdcbs.tmall.com

印刷者　常熟市文化印刷有限公司
开　　本　787毫米×1092毫米　1/16
印　　张　14.25
字　　数　262千字
版　　次　2020年9月第1版
印　　次　2023年11月第8次
书　　号　ISBN 978-7-5760-0536-3
定　　价　48.00元

出版人　王　焰

(如发现本版图书有印订质量问题,请寄回本社客服中心调换或电话 021-62865537 联系)

杭州市京都小学跨学科统整研究项目组

组　　长 洪　俊
副 组 长 莫春燕
主要成员（按姓氏笔画为序）
　　　　　　马　林　　王　洋　　王佳男　　王依红　　过映红　　孙慧蓉
　　　　　　杜红霞　　李鼎佳　　李智佳　　杨莉华　　何　莺　　沈悦涵
　　　　　　陈　莺　　陈旭盈　　陈春英　　陈益波　　周美君　　郑建达
　　　　　　郎慧民　　贾小双　　钱慧凝　　钱璐鹭　　徐　珍　　徐　艳
　　　　　　殷　虹　　郭倩玉　　梅　莹　　蒋　燕　　蒋晓莺　　程国美
　　　　　　虞子赢　　潘　宏
合作研究者
　　　　　　刘　徽　　杨佳欣　　徐玲玲　　蔡　潇　　蔡小瑛

前　言

跨学科教学在现今虽然并非一个令人耳目一新的理念,但却是诸多风靡盛行的教学设计理念的共同指向,如当下方兴未艾的基于问题的学习、项目式学习、STEM教育等。而提到跨学科,往往想到的是主题式教学,但在教学实践中往往容易陷入理解误区,仅注重于流程设计和方法选择,逐渐面临教学主题选取泛化、教学内容组织零散及教学评估实施简单等现实困境。

困境与突破同在,挑战与机遇并存,如何更好地开展跨学科统整教学既是一个需要理论和实践共同回答以帮助突破困境的焦点,又是一个能够探索如何落实核心素养以应对未来挑战的重要机遇。

《跨学科统整:国家课程的校本化实施》一书正是突破跨学科教学困境和迎接未来挑战的有益尝试。通过追溯课程统整的历史发展、明晰多个相关概念、联系核心素养、阐明国家课程校本化的政策依据,本书从历史发展、社会发展需求和政策支持几个角度阐明了开展跨学科统整的缘由,同时表明了杭州市京都小学开展跨学科统整的特色——在国家课程范围内开展跨学科统整。在综合分析当前实践领域出现的问题或误区的基础上,提出了要围绕真实性问题开展跨学科统整。更为重要的是,本书从理论的高度上总结了开展跨学科统整的五个步骤,融合了基于理解的教学设计、"知行为"学习桥、GRASPS表现性任务设计、自然学习设计等多种时兴同时又适宜的教学设计理念和模式,在单元教学的视角下,用点面结合、迭代改善的方式对教学设计案例进行阐述,呈现了京都小学教师团队在教学设计专家的指引下通过长达四年的多轮课程实践所凝结的智慧结晶。

自2015年5月以来,杭州市京都小学践行浙江省教育厅《关于深化义务教育课程改革的指导意见》精神,以学校"水文化"为引领,以省级规划课题为龙头,开展"水京灵"课程实施,将德育活动、学科教学和校本课程等有意义的学校课程进行整合,构建了彰显"多元、融合、创新"课程目标的新学校课程体系。本书的聚焦点正是其中最为突出的基于国家课程的跨学科统整实验。纵观这些年学校的发展,在跨学科统整实验的开展下,以学生发展为基点,统整各门学科,还原被人为割裂的真实世界和生活情境,让学科知识的教学服务于学生解决问题等高层次认知能力的发展,既让学生爱上学习,也让教师爱上研究,更让京都小学迅速成长,绽放光芒!

  值此课程改革深化十余年之际,我们能感受到当前最迫切需要的是把理念转化为行动,这是关系到课程教学是否能真正促进学生的全面发展的关键环节。相信本书能启迪与帮助更多的一线学校和教师将课程统整的理念内化于心,渗透到日常教学之中,将核心素养的培养落实到每个学生的成长上。

2020 年 5 月 10 日

序言：我们走过的路

2013年8月，我接受了杭州市下城区教育局的任命，担任杭州市京都小学校长。我曾在京都工作过三年，非常清楚京都的现状，虽然2008年成立京都教育集团学校，并被命名为浙大教育学院实验小学后，学校有一定的发展，但是在老百姓心目中还是一所口碑平平的普通学校。如何引领一所学校迅速成长，让普通学校不再普通呢？我上任后专门去请教过时任浙江大学教育学院院长的徐小洲教授。徐院长说，一个好的校长必须有较强的课程领导力，要管好一个学校，首先要从课程建设抓起。徐院长的话让我茅塞顿开。于是，从2014年初开始，京都小学就在浙江大学教育学院强大的专家团队引领下，开始进行课程改革的实践探索。

我们先从学校课程的顶层设计入手：以学校"水文化"为核心，将德育活动(水之德)、跨学科教学(水之润)和校本特色课程(水之色)等有意义的学校课程统一纳入以"水文化"为引领的学校课程逻辑体系之内，构建多层次、高融合、重个性的，真正彰显"多元、融合和创新"的新学校课程体系(以此课程顶层设计为蓝本的课题"多元·融合·创新——基于水文化引领的学校课程体系建构研究"在2015年浙江省规划课题中立项)。

将以上三个方面用图表示如下(图1)：

2015年3月，浙江省教育厅颁发了《关于深化义务教育课程改革的指导意见》(以下简称《指导意见》)，我惊喜地发现很多理念跟我们的课程设计不谋而合，这更加坚定了我们的课改信念和决心，激励着我们在课改之路上勇敢地进行破冰之旅。

在《指导意见》"加强各类课程、不同学科之间的联系和整合，组织跨学科教学和主题教育活动"精神引领下，我们大胆开展了基于国家教材的跨学科课程统整研究，至今已三年有余。从最初一个班的实验起步，经过几轮实验的磨炼，全体教师全部参与到了此项研究中来，让全体学生受惠，同时也得到了家长们的认同和支持。该项研究在全省乃至全国都属先例，《上海教育》的"中国最具变革力学校"栏目组特地前来专题采访，将我校与中关村二小、清华附小等全国知名学校并称为"中国最具变革力学校"。

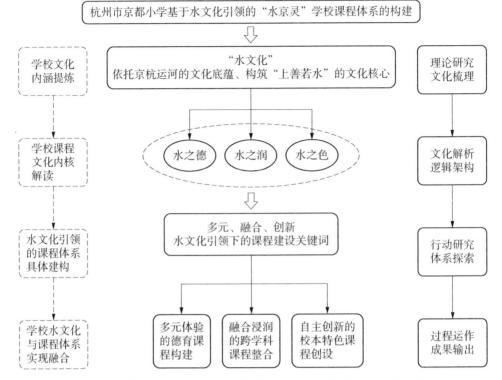

图1 杭州市京都小学基于水文化引领的"水京灵"学校课程体系的构建

跨学科统整课程旨在解决长期以来存在的学科和学生之间的钟摆现象。以学生的发展为基点，统合各门学科，还原被学科人为割裂的真实世界和生活情境，让学科知识的教学服务于学生的解决问题等高层次认知能力的发展。实验以美国行之有效的综合课程设计模型为基本框架，参考PYP课程等多项国际上行之有效的跨学科课程设计模型，最终研制出适合本土的跨学科课程模型，并将这种模型镶嵌于课程与教学之中，通过"知、行、为"三级课程目标的层层提炼，完成从"学科"到"跨学科"的提升，以学生的发展为主线，有机贴合各门学科。同时在教学中以"体验、新知、创造、应用"四个步骤还原学习原本应该有的完整循环，让学生体会到"为什么学"、"学了什么"和"学以致用"，真正体现学习应用的价值。

到目前为止，学校已整理好从一年级到六年级共十二个学期的跨学科统整教学主题思维导图，积累了二十余个优质跨学科统整教学经典案例，学校教师撰写的多篇相关论文在省市区论文评比中获奖，"若水文化 童心印记"儿童版画课程获得杭州市精品课程，"若水文化 溯流而上"陶艺课程、"京都运河娃"综合实践活动课程、"头脑体操"、"竹竿舞"、"水京灵古诗词戏剧课程"、"'水之秘'科学探究"等拓展课程都被评选为下城区精品课程。

同时,"跨学科"课程建构的理念在全校范围内达成共识:通过邀请专家来校传经送宝、推荐相关阅读书籍并组织读书会、展示跨学科统整教学观摩课、召开课程魅力展示活动等方式,有深度、有梯度、卓有成效地推进"跨学科"课程理念的建构,力图使教师在日常的教学工作中,进一步强化跨学科的意识,提高跨学科教学的能力,更加重视课程与真实情境和世界的联系,在理念先导的基础上,实现跨学科教学同日常教学的整合,也就是在现有的日常课程中实现课程统整,并鼓励学生作为研究者参与学习活动,以更加指向学生核心素养的培养,更加体现课程统整的最终成果。

经过三年六轮的实验研究,把跨学科教学与学校课程体系建设相结合,促成学校教师在学校课程改进的过程中不断实施行动研究中"计划、实施、观察、反思"的四大环节,在实际的跨学科教学建构过程中探索教学设计的规律,并及时总结经验。

京都小学跨学科课程统整相关研究成果在《上海教育》《浙江教育报》《杭州日报》等多家媒体多次刊登后,吸引了省内外多所学校纷纷前来参观学习,多所学校也邀请我和老师们前去作讲座、上示范课等。2018年3月,我们有幸受到全国"千课万人"组委会的邀请,京都小学基于国家课程的跨学科统整成果在全国教学活动的大舞台上得以展示!

再来看三年来在课改大潮的推动下,学校取得的显著成绩:

2016年1月,"携手1+6,当好东道主,办好G20"主题活动优秀组织奖;

2016年3月,杭州市无烟单位;

2016年9月,杭州市第九届中小学生陶艺大赛优秀组织奖;

2016年11月,"若水文化 童心印记"儿童版画课程获杭州市"义务教育精品课程";

2016年12月,浙江省第八批省级绿色学校;

2016年12月,杭州市先进职工之家;

2017年2月,杭州市教育系统先进工会组织;

2017年6月,杭州市教育国际化示范校;

2017年11月,杭州市京都小学"水京灵"课程实施方案被评为义务教育课程改革学校课程实施方案优秀案例;

2017年11月,下城区文明校园;

2017年12月,浙江省千校结好特色学校;

2018年1月,杭州市教育系统垃圾分类示范学校;

2018年1月,"京都小学运河文化"、"京都小学跨学科课程统整"被评为下城区2018年特色培育项目;

2018年3月,下城区首批"优质学校";

2018年3月,下城区文明单位;
2018年11月,杭州市文明校园;
2018年12月,杭州市智慧教育示范校;
2018年12月,杭州市青少年校园足球特色学校;
2108年12月,浙江省健康促进学校(银牌)。

短短5年,京都小学从一所底子薄、师资弱、口碑平的普通学校一跃成为下城区第一批优质学校之一,从外部环境到文化内涵都发生了翻天覆地的变化,在校园文化、对外交流、师生成长、教育教学等学校办学的各个方面都取得了令人瞩目的成绩。究其主要原因,就是抓住了课改的契机,走出了一条"京都样式"的发展之路,成为下城区"科研引领学校发展"的典范,极大地满足了百姓对优质教育资源的需求。

杭州市京都小学校长　洪俊

2020年4月25日

目 录

第一编：跨学科统整的理论追溯
——为什么要跨学科统整？

1. 课程统整的历史发展 ··· 3

  1.1 国外课程统整的发展轨迹 ································ 3

    课程统整的提出背景 ······································ 3

    知识本位的课程统整理论 ·································· 4

    儿童本位的课程统整理论 ·································· 4

    社会本位的课程统整理论 ·································· 5

    课程统整理论的四个取向 ·································· 5

    课程统整在全球范围内成为趋势 ···························· 6

  1.2 国内课程整合的历史 ···································· 6

    课程整合的最初迹象 ······································ 6

    港台地区课程统整的发展 ·································· 6

    改革开放以来大陆地区课程整合的发展 ······················ 7

2. 概念辨析：跨学科、多学科与超学科 ························· 8

  2.1 课程统整和课程整合 ···································· 8

    二者在翻译上的由来 ······································ 8

    学者辨析及本书定位 ······································ 9

  2.2 多学科统整、跨学科统整与超学科统整 ····················· 9

    学者对课程统整的分类 ···································· 9

    国内对综合课程的分类 ···································· 10

    实践层面上对课程整合的分类 ······························ 10

  为何选择跨学科统整？ ·················· 11

3. **跨学科统整与核心素养的培养** ·················· 12
  3.1 核心素养呼唤跨学科课程统整 ·················· 12
    核心素养的核心是真实性 ·················· 12
    学科素养与跨学科素养相互依存 ·················· 13
    在跨学科真实情境中培养核心素养 ·················· 14
  3.2 跨学科课程的优势能够弥补分科课程的不足 ·················· 14
    时代发展要求打破学科分化局面 ·················· 14
    分科教学的不足备受关注 ·················· 14
    跨学科课程能够弥补分科教学的不足 ·················· 15

4. **国家课程中的跨学科统整** ·················· 16
  政策鼓励并指引课程整合 ·················· 16
  国家课程校本化的政策依据 ·················· 17
  为何要在国家课程范围内开展跨学科统整 ·················· 17

5. **跨学科统整的误区/问题** ·················· 19

6. **围绕真实性问题的跨学科统整** ·················· 20
  「故事一」真实情境下的跨学科学习 ·················· 22
  「家长感言」快乐学习，学以致用 ·················· 27

第二编：跨学科统整的实践探索——跨学科统整怎么做？

1. **寻求主题——打破教研组备课** ·················· 31
  1.1 地域文化特色点 ·················· 31
  1.2 教材内容相通点 ·················· 34
  1.3 学生生活兴趣点 ·················· 35
    「故事二」与跨学科课程主题的一场美丽邂逅 ·················· 37
    「故事三」在航行中，灯塔渐现——我是如何确定跨学科课程主题的 ·················· 39
    「故事四」动动手指，玩转课堂——轮番合作，共寻主题 ·················· 40

2. 目标先置——逆向设计思路 ———— 43
2.1 整理学科课程标准 ———— 44
2.2 明确大概念 ———— 46
2.3 构建"知、行、为"学习桥 ———— 47
「故事五」寻找教学目标的"宝石王冠" ———— 52
「故事六」动动手指，玩转课堂——勤思敏搭，互动在线 ———— 56
「故事七」跨学科统整，落实大概念——我们在路上 ———— 58
「故事八」依托大概念，促进学生的系统学习 ———— 60

3. 评价设计——发展学生能力 ———— 63
3.1 设计表现性任务 ———— 63
3.2 制定评价准则 ———— 65
3.3 评价设计的案例 ———— 65
「故事九」跨学科整合课中评价结果的思考 ———— 67
「故事十」跨学科整合：一段寻觅评价设计的旅程 ———— 69

4. 设计情境——解决问题导向 ———— 74
4.1 问题情境的教学理念 ———— 74
4.2 问题情境的设计步骤 ———— 75
4.2.1 设计真实的背景 ———— 76
4.2.2 融入合理的条件 ———— 76
4.2.3 提出有层次的任务 ———— 77
4.3 问题情境的教学案例 ———— 78
4.3.1 运用教学论问题情境的案例 ———— 78
4.3.2 运用靶向问题情境的案例 ———— 81
「故事十一」巧用情境设计，打造灵动课堂 ———— 84
「故事十二」真实情境下的跨学科学习 ———— 88

5. 学习过程——还原认知过程 ———— 93
5.1 在情境体验中建立联系 ———— 94
5.2 在应用操作中迁移创造 ———— 97
「故事十三」小礼物中的大过程 ———— 99
「故事十四」由一堂语文与美术整合课想到的：体验·经历·经验 ———— 103

第三编：跨学科案例

1. **神机妙算——用 Scratch 出数学题** ·········· **107**
   1.1 教学主题概述 ·········· 107
   1.2 教学目标分析 ·········· 109
      1.2.1 大概念 ·········· 109
      1.2.2 知行为教学目标 ·········· 109
      1.2.3 教学重难点分析 ·········· 109
      1.2.4 教学评价设计 ·········· 110
   1.3 教学过程 ·········· 110
      1.3.1 问题情境 ·········· 111
      1.3.2 导入问题 ·········· 111
      1.3.3 任务布置 ·········· 111
   1.4 拓展活动 ·········· 112

2. **小红车，去哪儿了** ·········· **113**
   2.1 教学主题概述 ·········· 113
   2.2 教学目标分析 ·········· 114
      2.2.1 大概念 ·········· 114
      2.2.2 知行为教学目标 ·········· 115
      2.2.3 教学重难点分析 ·········· 115
      2.2.4 教学评价设计 ·········· 116
   2.3 教学过程 ·········· 116
   2.4 拓展活动 ·········· 118

3. **奇妙的动物世界——带你领略动物奇趣** ·········· **119**
   3.1 教学主题概述 ·········· 119
   3.2 教学目标分析 ·········· 121
      3.2.1 大概念 ·········· 121
      3.2.2 知行为教学目标 ·········· 121
      3.2.3 教学重难点分析 ·········· 122
      3.2.4 教学评价设计 ·········· 122

    3.3 教学过程 ··· 123
    3.4 拓展活动 ··· 126

4. **设计热卖净水器——人人都是产品经理** ································· **127**
    4.1 教学主题概述 ··· 127
    4.2 教学目标分析 ··· 129
        4.2.1 大概念 ··· 129
        4.2.2 知行为教学目标 ··· 129
        4.2.3 教学重难点分析 ··· 130
        4.2.4 教学评价设计 ·· 130
    4.3 教学过程 ··· 131
    4.4 拓展活动 ··· 132

5. **"苔花"是"花"吗** ··· **133**
    5.1 教学主题概述 ··· 133
    5.2 教学目标分析 ··· 135
        5.2.1 大概念 ··· 135
        5.2.2 知行为教学目标 ··· 135
        5.2.3 教学重难点分析 ··· 136
        5.2.4 教学评价设计 ·· 136
    5.3 教学过程 ··· 137
    5.4 拓展活动 ··· 139

6. **寻找消失的宝石王冠——寻找规律之美** ································· **140**
    6.1 教学主题概述 ··· 140
    6.2 教学目标分析 ··· 142
        6.2.1 大概念 ··· 142
        6.2.2 知行为教学目标 ··· 142
        6.2.3 教学重难点分析 ··· 143
        6.2.4 教学评价设计 ·· 143
    6.3 教学过程 ··· 144
    6.4 拓展活动 ··· 147

7. 搭出营养　搭出健康——做明智的吃货 ········· **148**
　7.1 教学主题概述 ········· 148
　7.2 教学目标分析 ········· 150
　　7.2.1 大概念 ········· 150
　　7.2.2 知行为教学目标 ········· 151
　　7.2.3 教学重难点分析 ········· 151
　　7.2.4 教学评价设计 ········· 152
　7.3 教学过程 ········· 153
　7.4 拓展活动 ········· 156

8. 风筝风筝飞上天 ········· **157**
　8.1 教学主题概述 ········· 157
　8.2 教学目标分析 ········· 159
　　8.2.1 大概念 ········· 159
　　8.2.2 知行为教学目标 ········· 159
　　8.2.3 教学重难点分析 ········· 160
　　8.2.4 教学评价设计 ········· 160
　8.3 教学过程 ········· 161
　8.4 拓展活动 ········· 163

9. 制订一份锻炼计划 ········· **164**
　9.1 教学主题概述 ········· 164
　9.2 教学目标分析 ········· 166
　　9.2.1 大概念 ········· 166
　　9.2.2 知行为教学目标 ········· 166
　　9.2.3 教学重难点分析 ········· 167
　　9.2.4 教学评价设计 ········· 167
　9.3 教学过程 ········· 168
　9.4 拓展活动 ········· 169

10. 礼物巧包装 ········· **170**
　10.1 教学主题概述 ········· 170
　10.2 教学目标分析 ········· 172

   10.2.1 大概念 ·· 172
   10.2.2 知行为教学目标 ·································· 172
   10.2.3 教学重难点分析 ·································· 173
   10.2.4 教学评价设计 ····································· 173
  10.3 教学过程 ·· 174
  10.4 拓展活动 ·· 176

11. 成长的旅行——旅途见闻的记录与分享　178
  11.1 教学主题概述 ··· 178
  11.2 教学目标分析 ··· 180
   11.2.1 大概念 ·· 180
   11.2.2 知行为教学目标 ·································· 180
   11.2.3 教学重难点分析 ·································· 181
   11.2.4 教学评价设计 ····································· 181
  11.3 教学过程 ·· 182
  11.4 拓展活动 ·· 183

12. 我是气象观测员　184
  12.1 教学主题概述 ··· 184
  12.2 教学目标分析 ··· 186
   12.2.1 大概念 ·· 186
   12.2.2 知行为教学目标 ·································· 186
   12.2.3 教学重难点分析 ·································· 187
   12.2.4 教学评价设计 ····································· 187
  12.3 教学过程 ·· 188
  12.4 拓展活动 ·· 190

13. 特殊的年历卡　191
  13.1 教学主题概述 ··· 191
  13.2 教学目标分析 ··· 193
   13.2.1 大概念 ·· 193
   13.2.2 知行为教学目标 ·································· 193
   13.2.3 教学重难点分析 ·································· 194

	13.2.4 教学评价设计	194
13.3	教学过程	195
13.4	拓展活动	196

14. 《三国演义》中的科学知识 ... 197

14.1	教学主题概述	197
14.2	教学目标分析	199
	14.2.1 大概念	199
	14.2.2 知行为教学目标	199
	14.2.3 教学重难点分析	199
	14.2.4 教学评价设计	200
14.3	教学过程	201
14.4	拓展活动	202

参考文献 ... 203

后记：苔花如米小，也学牡丹开 ... 206

第一编：跨学科统整的理论追溯
——为什么要跨学科统整？

1. 课程统整的历史发展

1.1 国外课程统整的发展轨迹 / 3
　　课程统整的提出背景 / 3
　　知识本位的课程统整理论 / 4
　　儿童本位的课程统整理论 / 4
　　社会本位的课程统整理论 / 5
　　课程统整理论的四个取向 / 5
　　课程统整在全球范围内成为趋势 / 6
1.2 国内课程整合的历史 / 6
　　课程整合的最初迹象 / 6
　　港台地区课程统整的发展 / 6
　　改革开放以来大陆地区课程整合的发展 / 7

1.1 国外课程统整的发展轨迹

◎ 课程统整的提出背景

回顾人类历史的发展变迁轨迹,可以发现,人类对世界的认识是一个从整体到分化再到整体的过程,并在这样的方式中不断螺旋上升。早在古代,认知的发展就使课程出现了从整合走向分化的趋势,如西方古罗马和欧洲中世纪的"七艺"(文法、修辞、逻辑学、算术、几何、天文、音乐),我国的"六艺"(礼、乐、射、御、书、数)、"四书五经"等①。在工业化时代,分工思想深化到生产过程,并逐渐渗透到社会生活实践的各个领域。学科的产生是因为这些内容对人类生活十分重要,因此,需要专门加以研究和讨论,但后面因为各种原因,学科慢慢远离了生活,学科与学科之间的界限也越来越分明。社会建构主义者肯尼斯·J·杰根(Gergen, K. J.)从语言的情境性这一角度

---

① 孙俊勇,孙俊霞. 课程整合:21世纪基础教育课程改革的基调[J]. 当代教育科学,2012(6):27.

出发,指出当前学校教育的症结恰在于不同学科语言间存在隔阂,且学科语言与解决真实世界中问题的语言有着一条巨型鸿沟。因此他称面向"真实世界"的学习才是一种"负责任的学习实践","书本、数学和实验将不再是惩罚威胁之下必须跨越的栅栏,也不是他们为模糊的将来才开始的好生活铺垫基石"[①]。因此,每个学科现有的知识只是学生解决问题时可获取的资源和工具之一,而不再是系统学习的目的本身。这也意味着学习要打破学科的壁垒。

◎ **知识本位的课程统整理论**

课程统整的历史最早可以追溯到19世纪时期德国心理学家赫尔巴特提出的"统觉类化"学说,即认为经验与知识的储存建立于类化的基础上,"统觉过程是把许多感觉散片结成整体"[②],并依据这一原理提出了课程设计的"相关"(correlation)和"集中"(concentration)两个原则,这被视为课程统整的开端。而后英国教育家赫伯特·斯宾塞(Herbert Spencer)在1855年出版的《心理学原理》一书中提出了"合理机能整合论",表明伴随着有机体神经系统和心理的复杂化而来的是越来越高级的机能整合[③]。其后齐勒尔(Ziller, T.)和威廉·赖因(William Rein)创造性地提出了以历史、文学和宗教为中心的"学科整合法"[④],尝试将学校教育中割裂、分化的学科内容联结起来。他们的理论被归纳为知识本位(或以知识为中心)的课程统整理论。

◎ **儿童本位的课程统整理论**

20世纪早期,对课程统整影响最大的人物之一是约翰·杜威(John Dewey),他站在民主性应与儿童成长相平衡的立场上,否定了从科目出发,以历史、文学和宗教为中心的统整取向[⑤],反对学科的人为区分而形成教育与生活的分立,提出"所有的学习都应来自一个大的共同世界中的关系。当儿童的生活与共同世界建立起不同、具体而主动的关系时,其学习自然趋于整合"[⑥]。杜威强调儿童的经验,认为学习与生活是相关联的,儿童和课程是相关联的,并创办了著名的实验学校——杜威学校(The Dewey School),在其中践行"学校即社会"、"做中学"的理念,将"主动作业"

---

① [美]莱斯利·P.斯特弗,[美]杰里·盖尔.教育中的建构主义[M].高文,等,译.上海:华东师范大学出版社,2002:43.
② 黄甫全.整合课程与课程整合论[J].课程·教材·教法,1996:8.
③ [美]G.墨菲,[美]J.科瓦филь,林方.近代心理学历史导引[M].王景和,译.北京:商务印书馆,1982:147.
④ 翁亚红.有效地整合灵动的生成[D].福建师范大学硕士学位论文,2009:2.
⑤ 黄甫全.试论信息技术与课程整合的实质及基本原理[J].教育研究,2002(10):29.
⑥ 杜威.学校与社会·明日之学校[M].北京:人民教育出版社,2005:34.

(active occupation)作为课程的组织中心,将科目视为儿童解决问题的资源,把活动作为连接儿童与科目内容之间的桥梁①。与杜威的观点相似,帕克·弗朗西斯·韦兰(Parker Francis Wanyland)主张儿童是学校和一切课程的主体,学校应该从儿童的自我活动出发,将课程设计整合为儿童自我活动的延伸,追求教学内容与儿童活动的相关、统一和整合②。他们的理论都是儿童本位(或以儿童为中心)的课程统整理论的代表。

◎ **社会本位的课程统整理论**

20世纪30年代,进步主义教育运动进一步分化为两大阵营:一是关注学习者个体,重视以个人生活经验为核心的自我整合;另一个则将重心放在社会上,注重社会功能性知识,着眼于使学习者掌握社会活动所必需的知识技能。其中又分为"社会适应型"和"社会改造型"这两派③,前者主张由社会现状去寻找课程设计的目标,后者则认为学习的学术性目的是将其中的观念应用到真实的世界中,课程应该与社会广泛联系,应围绕当代重大社会问题来组织课程,创造民主的、参与的学习环境以培养学生的公民意识和民主意识,代表人物有迈克尔·阿普尔(Michael W. Apple)和约翰·史蒂文·曼恩(John Steven Mann)等,他们的理论被归纳为社会本位(或以社会为中心)的课程统整理论。

◎ **课程统整理论的四个取向**

到20世纪50年代,课程领域已经出现了上述三种不同的课程统整取向:以约翰·弗里德里希·赫尔巴特(Johann Friedrich Herbart)、齐勒尔为代表的学科课程统整,以杜威为代表的儿童中心课程统整和以阿普尔为代表的社会中心课程统整,这些取向相互联系,都有一定的合理之处和借鉴价值。美国课程设计专家詹姆斯·比恩(James A. Beane)认为,真正意义上的统整课程即是以人为中心的、建构主义的、以主题呈现的超越学科的整体性的课程④,在此基础上更加全面系统地总结了课程统整的四个经典取向,即经验统整、社会统整、知识统整和课程设计统整,这标志着课程统整的研究走向成熟,在其之后的课程统整理论从本质上讲都没有超越他所提出的这四个取向。

---

① Marian L. Martinello, Gillian E. Cook. Interdisciplinary Inquiry in Teaching and Learning [M]. New Jersey: Prentice-Hall, Inc, Pearson Education, 2000: 30 - 32.
② 董诞黎,等.课程整合——课堂教学新变局[M].杭州:浙江大学出版社,2012:12.
③ 张华,石伟平.课程理论流派研究[M].济南:山东教育出版社,2001:总序.
④ James A. Beane.课程统整:当代教育理论译丛[M].单经文,译.上海:华东师范大学出版社,2003.

◎ 课程统整在全球范围内成为趋势

20世纪80年代,联合国教科文组织(UNESCO)委托专家形成的一份专题报告《从现在到2000年教育内容发展的全球展望》(*The Contents of Education: A Worldwide View of their Development from the Present to the Year 2000*)中,以"课程设计和学习过场组织中的平衡"为主题就课程统整问题进行了专门研究,概括性地阐述了"跨学科性"课程统整命题,并设计出了"课程计划的方法论框架"以实现课程统整。[①] 至此,从分科课程走向综合课程的转变已经变成了一种趋势。随着知识经济的到来,教育的价值日益凸显,各国纷纷进行了统整课程的理论研究和实际改革,课程统整的方案呈现繁荣的现象,如英国公布"整体课程"方案,澳大利亚提出八个学习领域的报告,要求教师设计跨学科课程,培养学生的语言表达、研究、问题解决、个人和社会等能力,并都以大概念为统领,指向高度的可迁移性。

1.2 国内课程整合的历史

◎ 课程整合的最初迹象

我国课程整合的发展历程最早可以追溯到1922年的学制改革。为了进一步培养学生的综合素养,改变原有僵硬、死板的课程,新学制将公民课、历史课和社会课整合为社会科,将国语课和外语课整合为言文科,将图画课、手工课和音乐课整合为社会科,将生理卫生课和体育课整合为体育科。然而由于当时社会经济发展水平的有限,教材资源和师资匮乏,这一制度实施的时间并不长。

新中国成立后,我国曾多次进行"综合课程"的尝试。1955年将已有的小学阅读课、作文课和写字课综合成语文课;1958年在中学也进行了类似的综合,将中国历史、世界历史和中国近代史综合为历史,将世界地理、中国地理和自然地理等学科综合为地理,将植物学、动物学和人体解剖学等学科综合为生物。这些整合虽然达到了减少课程类别的目的,但并未重新统筹和规划课程内容,并非真正意义上的课程整合。

◎ 港台地区课程统整的发展

20世纪70年代,香港地区开始了关于课程统整的理论和实践探索,在当地政府的鼓励下,学校进行了学科综合的创新措施,如1973年在中学阶段开设综合科学科

---

① 任一平,包亦颖,边宁,董诞黎,胡早娣,邵亦冰.课程整合——课程教学新变局[M].杭州:浙江大学出版社,2012:23.

目,1975年开设社会科。1992年,香港课程发展处提出一套"课程统整计划",提出了平行学科设计、多学科设计和跨学科探究设计这三种课程统整的模式,旨在加强学校课程综合化的发展,消除学科之间被硬性划分的界限,增强学生学习的实用性和趣味性[①]。2001年,香港课程发展议会公布的《学会学习:终身学习,全人发展》中将课程划分为八个学习领域,课程组织由单篇到单元,教材处理由指定篇章到开放学习材料,上课模式从课堂教学到全方位学习、跨科学习。

与香港地区的改革类似但开始时间较晚,台湾地区在1996年完成教育改革总咨询报告后,确立了"开放"、"一贯"、"统整"的课程改革方向,提出积极统整课程,包括将中学阶段的历史、地理、公民学科统整为社会科领域,以及增加活动课程,将生活中的重要议题整合到教学活动中。1997年,台湾地区将科目本位的分科课程综合规划为"语文"、"健康与体育"、"数学"、"社会"、"艺术与人文"、"自然与生活科技"以及"综合活动"七大学习领域,并建议把当代社会有关信息、环境、两性、人权、生涯规划、家政和政治等新兴议题整合融入七大领域之中。之后于1998年公布的《基本教育九年一贯课程总纲要》正式将"课程统整"作为当前改革的重点与今后教育发展的方向。

◎ **改革开放以来大陆地区课程整合的发展**

20世纪80年代,跟随世界综合课程的脚步,以及意识到分科课程的不足,我国大陆也开始了综合课程的探索。一方面,学者将香港和台湾地区的课程整合实验,以及国外理论以学术论文和学术报告的形式引入大陆,小学阶段开始了类似的探索。另一方面,综合课程的实验研究如火如荼,形成热潮。1988年,为了改革义务教育阶段教学内容过多、过难的状况,促使学校教学与义务教育培养目标相适应,浙江省开始了综合课程教材改革的研究和实验。1991年,上海市在部分中小学试行新的课程方案,在部分学校开展社会学科的课程试验任务。1995年,广东省教育厅承担了国家教委的"高中综合课程研究和实践"的课题,开始启动普通高中综合课程研究与实验。

2001年,我国教育部颁布了《基础教育课程改革纲要(试行)》实施新一轮基础教育课程改革。其中在课程整合上提出了要实现学科课程目标上的整合,设置综合课程以及强调跨学科的学习方式,如探究学习、体验学习、合作学习等。

---

① 李子建,梁振威,高慕莲.中国语文课程与教学:理论、实践与研究[M].北京:人民教育出版社,2005(8).

2. 概念辨析：跨学科、多学科与超学科

2.1 课程统整和课程整合 / 8
　　二者在翻译上的由来 / 8
　　学者辨析及本书定位 / 9
2.2 多学科统整、跨学科统整与超学科统整 / 9
　　学者对课程统整的分类 / 9
　　国内对综合课程的分类 / 10
　　实践层面上对课程整合的分类 / 10
　　为何选择跨学科统整？/ 11

2.1 课程统整和课程整合

◎ 二者在翻译上的由来

"课程统整"最初来源于英文术语"integrated curriculum"和"curriculum integration"，前者指的是经过统整后形成的课程，后者指的是对课程进行统整的过程或行为。也有人将"integrated curriculum"翻译为"综合课程"[1]，将"curriculum integration"翻译为"课程整合"[2]或"课程综合化"[3]。2000年以前的文献主要借鉴港台学者的研究成果，将"integrated curriculum"翻译成"课程统整"。新世纪以后，随着相关政策发布和大陆研究者研究的深入，"课程整合"这一表述逐渐增多，但研究美国或德国等国外教育理论的学者仍旧使用"课程统整"一词，如华东师范大学的崔允漷[4]教授和刘登珲[5][6]博士

---

[1] 郝琦蕾. 国内综合课程研究述评[J]. 西北师大学报社会科学版, 2008, 45(2): 54—60.
[2] 韩雪. 课程整合的理论基础与模式述评[J]. 比较教育研究, 2002, 23(4): 33—37.
[3] 杨小微. 综合课程及其动态生成[J]. 教育学报, 2002(12): 8—14.
[4] 赵士果, 崔允漷, 比恩. 课程统整的理念及模式建构[J]. 全球教育展望, 2011, 40(7): 32—36.
[5] 刘登珲, 詹姆斯·比恩. 课程统整思想研究[J]. 全球教育展望, 2017, 46(4): 30—39.
[6] 刘登珲, 李凯. 美国学校课程统整研究的进展与反思[J]. 外国教育研究, 2017(10): 73—85.

等对以比恩的课程统整理论和模式为代表的美国课程统整理念开展了研究。

◎ **学者辨析及本书定位**

有的学者认为"课程整合"等同于"课程统整"①，也有学者对二者进行辨析，认为"整合"或"课程的综合化"只是"课程统整"局部的、外在的表现，"课程统整"既不仅仅是一种技术，也不仅仅是一种课程内容组织方式②，其理念背后蕴含着关于知识观、价值观、课程观等不同的假设，要求我们对学习的本质、知识的组织和使用、教育经验的意义、学校教育的目的、课程管理、教学策略、学习方式、评价标准的改变等进行整体的考虑③。也有学者试图从广义和狭义对"课程整合"进行进一步的阐述，认为狭义的"课程整合"是指一种特定的课程设计方法，而广义的"课程整合"是一种课程设计的理论以及学校教育理念④，也就是"课程统整"相当于广义的"课程整合"。

的确，相比于"整合"，"统整"更像是一种思维方式或认识方式而非简单的技术手段。因此，在专业术语上，本书选择"统整"而非"整合"，以期更为恰当地反映京都小学所开展的学校课程变革。

2.2 多学科统整、跨学科统整与超学科统整

◎ **学者对课程统整的分类**

对于课程统整的分类，不同学者有不同的归纳。海蒂·海耶斯·雅各布斯(Heidi Hayes Jacobs)在《跨学科课程：设计与实施》(*Interdisciplinary Curriculum: Design and Implement*)和《统整课程》(*The Integrated Curriculum*)中系统总结了课程统整实践经验，归纳了课程统整的三种典型做法：科内统整、科际统整和主题驱动的跨学科统整，其中科内统整指的是对学科结构和教材进行优化重组；科际统整指的是对知识基础、研究方法近似的学科进行整合，如将物理、化学、生物整合为科学；而主题驱动的跨学科统整指的是通过问题解决带动学科知识习得，其中主题可以分为学科内容领域的主题、日期有关的主题、概念性主题、人物列传主题、时事主题与形式主题这六种⑤。与此相类似，加拿大学者苏珊·德雷克(Susan Drake)和美国学者丽贝卡·伯恩斯(Rebecca Burns)提出了实现个人、社会和知识整合的课程整合方案设

---

① 同前页⑥注.
② 刘登珲.詹姆斯·比恩.课程统整思想研究[J].全球教育展望,2017,46(4):30—39.
③ 万伟.学校课程建设视野中的课程统整[J].课程·教材·教法,2017(7):18—23.
④ 韩雪.课程整合的理论基础与模式述评[J].比较教育研究,2002,23(4):33—37.
⑤ Jacobs, H. H. E. Interdisciplinary Curriculum: Design and Implementation [J]. Association for Supervision & Curriculum Development Cited in T, 1989: 99.

计的三种组织方法：多学科、跨学科和超学科[1]，其中，多学科课程整合（包括学科整合）通过确定多个学科都涉及的主题来实现整合，旨在深化学科内容的学习，为学科知识教学服务，学科边界依然存在；跨学科课程整合通过确定交叉学科共有的基础知识和技能来确定主题、概念和跨学科技能，旨在学习跨学科的知识和技能；超学科课程整合以社会生活中的现实问题为组织中心，围绕着现实问题或情境来组织课程，旨在提升学生的生活技能和应对真实世界的能力。该种分类从客观上反映了课程统整与传统分科课程的差异，也体现了课程统整由弱到强的变化过程。

◎ **国内对综合课程的分类**

国内有一种普遍观点，将中心主题或问题源于学科知识的综合课程按融合程度分为"相关课程"、"融合课程"和"广域课程"。在"相关课程"中，多个学科在一些主题或观点上相互联系，但又保持各学科原来的相对独立；在"融合课程"中，有关学科融合为一门新的学科，学科之间原有的界限不复存在，如物理、化学、生物融合为理综；而"广域课程"是指能够涵盖整个知识领域的课程整体，不仅包括与学科有关的知识领域，还包括人类的所有知识与认知的领域[2]。通过定义可以发现，这里的"相关课程"与前面所提到的"多学科课程"类似，而"融合课程"和"广域课程"则分别类似于前面所提到的"跨学科课程"和"超学科课程"。

◎ **实践层面上对课程整合的分类**

在实践层面上，各个学校也依据自身办学理念，积极探索课程整合的模式、策略和方法，比较成功的案例有清华大学附属小学所建构和实施的"1＋X课程"体系，探索出三条课程整合的途径，即学科内整合、跨学科整合和课内外整合，其中在跨学科整合上尝试根据学生的身心发展特点及课程学科属性、学习规律以及可迁移方法，将国家十几门课程整合为五大领域，旨在为学生提供完整的教育情境，建立系统的思维方式，体验知识间的联系[3]。山东省中小学课程整合实验学校——晏婴小学也基于课程标准逐步开展了学科内整合、多学科整合、跨学科整合和超学科整合实践，其中跨学科整合指的是将有内在联系的不同学科、不同领域的内容或问题统整成一门新

---

[1] Susan M. Drake & Rebecca C. Burns. 综合课程的开发[M]. 廖珊, 等, 译. 北京：中国轻工业出版社, 2007: 9—16.
[2] 张华. 关于综合课程的若干理论问题[J]. 教育理论与实践, 2001(6): 35—40.
[3] 窦桂梅, 柳海民. 从主题教学到课程整合——清华附小"1＋X课程"体系的建构与实施[J]. 东北师大学报(哲学社会科学版), 2014(4): 163—167.

的学科[1]。

可以发现,学者们对课程统整分类的理论界定以及学校在实践层面上的界定是从不同维度出发的,但不难发现其中的相通之处。

◎ **为何选择跨学科统整?**

教育界有个很有名的钟摆问题:课程到底该偏向学生还是学科?从课程统整的分类和定义上来看,多学科课程更偏向于学科,很容易形式化,而超学科课程又过于偏向学生,很难落实课程标准,跨学科课程则兼顾两者。值得注意的是,虽然跨学科课程和超学科课程有一个共性——强调真实问题。相较于前者,后者倾向于完全突破学科知识原本的逻辑,但从人类思维发展的角度而言,这并无益处,因为经过长期发展而成的系统学科知识所带有的逻辑对于人类培养批判性思维、逻辑思维和学科素养都是十分必要的,我们要做的是在真实问题情境中联系学科知识,培养学生解决真实问题的能力,而非完全突破学科知识本身的逻辑。跨学科统整强调通过打破泾渭分明的学科界限,以统一的主题、问题、概念、基本学习内容连接不同学科,使课程形成一个有机整体,促进学生有意义地建立知识之间的联系,提高解决现实问题的能力,既符合学生学习的需要,又更加具有可操作性。因此,京都小学着力于开展跨学科统整。

---

[1] 陶继新,孙镜峰.与教师携手走在课程整合之路上[J].基础教育课程,2015(20):4—12.

3. 跨学科统整与核心素养的培养

> 3.1 核心素养呼唤跨学科课程统整 / 12
> 　　核心素养的核心是真实性 / 12
> 　　学科素养与跨学科素养相互依存 / 13
> 　　在跨学科真实情境中培养核心素养 / 14
> 3.2 跨学科课程的优势能够弥补分科课程的不足 / 14
> 　　时代发展要求打破学科分化局面 / 14
> 　　分科教学的不足备受关注 / 14
> 　　跨学科课程能够弥补分科教学的不足 / 15

3.1 核心素养呼唤跨学科课程统整

◎ **核心素养的核心是真实性**

　　进入21世纪以后,信息通信技术的迅猛发展和广泛运用使人类社会快速迈入信息时代,与20世纪的工业时代形成了鲜明对比。随着现代社会变革的速度加快,职业流动性不断提高,社会个体原有的专业身份逐渐淡化,综合性、跨学科的知识和技能,综合素质和创造能力显得愈发重要[1]。信息时代经济新模式和职业新形态、社会生活的新特点和个人自我实现的新需求对传统的工业时代的教育提出了挑战,核心素养的概念应运而生[2]。

　　当前国际上包括经济合作与发展组织(OECD)、欧盟(EU)、UNESCO等多个国际组织及美国、新加坡等国家都制定了核心素养框架,界定了核心素养。这些核心素养框架存在一些共识。张华教授在对这些框架进行对比分析后提出,核心素养是人

---

[1] 窦桂梅.新课改背景下课程整合的实践探索——清华大学附属小学"1+X课程"育人体系建构的案例研究[J].教育研究,2014(2):154—159.
[2] 张华.论核心素养的内涵[J].全球教育展望,2016,45(4):10—24.

适应信息时代和知识社会的需要,解决复杂问题和适应不可预测情境的高级能力与人性能力[1]。它具有跨领域性,也就是既有超越学科边界的跨学科性,又有应用于不同情境的可迁移性,还有连接学科知识与生活世界(真实情境)的"可连接性"[2]。而"核心素养区别于应试学力的最大特质就在于真实性,真实性是核心素养的精髓"[3]。也即,核心素养的核心是真实性。何谓真实性? 真实性指的是"超越学校价值"的知识成果,也就是解决真实问题的能力,这里的问题不是指局限在学校范围内的问题,而是指向于真实世界的问题。正如戴维·乔纳森(David H. Jonassen)所言,教育唯一合法的目的就是问题解决[4]。格兰特·威金斯(Grant Wiggins)也指出,"学校教育的目标是使学生在真实世界能得心应手地生活"[5]。当前提倡的深度学习的内核也是解决真实问题,迈克尔·富兰(Michael Fullan)提出,新教育学(深度学习)的目标是"使学生获得成为一个具有创造力的、与人关联的、参与合作的终生问题解决者的能力和倾向"[6]。而在《关于深化教育体制机制改革的意见》提出的四个关键能力中就包括职业能力,指的就是积极动手实践和解决实际问题的能力[7]。

◎ 学科素养与跨学科素养相互依存

按照《面向未来:21世纪核心素养教育的全球经验》报告的分类,核心素养分为学科素养(领域素养)和跨学科素养(通用素养),其中学科素养与特定的学科领域或内容相关,跨学科素养则跨越了不同的领域或直接指向人的发展[8]。跨学科素养自身培育的特点使得它不可能离开学科素养而单独存在,而学科素养中如果没有跨学科素养的渗透,也就失去了素养对"人"的未来性、整体性考虑的特征。核心素养归根到底是在探讨如何通过知识、技能和态度的整合促进将知识整合应用到不断变化的真实情境中。在这样的真实情境中,跨学科素养尤其重要。

---

[1] 张华. 论核心素养的内涵[J]. 全球教育展望,2016,45(4):10—24.
[2] 同上注.
[3] 钟启泉. 真实性——核心素养的精髓[N]. 中国教育报,2019-06-20.
[4] [美]戴维·乔纳森,等. 学会用技术解决问题——一个建构主义者的视角[M]. 北京:教育科学出版社,2017:序.
[5] [美]格兰特·威金斯,[美]杰伊·麦克泰格. 追求理解的教学设计[M]. 上海:华东师范大学出版社,2017:87.
[6] [加国]迈克尔·富兰,[美]玛丽亚·兰沃希. 极富空间:新教育学如何实现深度学习[M]. 重庆:西南师范大学出版社,2016:9—10.
[7] 中共中央办公厅 国务院办公厅印发《关于深化教育体制机制改革的意见》[EB/OL]. http://www.gov.cn/zhengce/2017-09/24/content_5227267.htm,2017-09-24.
[8] 北京师范大学中国教育创新研究院. 破译21世纪核心素养教育的全球经验[N]. 中国教师报,2016-06-08(003).

◎ **在跨学科真实情境中培养核心素养**

学校课程是一个国家或地区在教育系统中实现相关教育目标的重要载体。要培养未来公民的学科素养和跨学科素养,通过课程改革将它们融入学校课程体系无疑是一个重要途径。在当前的教育背景中,学校课程主要关注学科知识的传递,教学中的问题是单个学科的、剥离情境的,学生的学习方式是被动的、缺乏创造性的,跨学科素养往往容易被边缘化。为了应对这一问题,既可以将核心素养融入国家或地区的中小学课程设计之中,从而形成一套体现核心素养理念的课程实施体系,也可以结合基于真实生活情境的跨学科主题展开跨学科教学活动[1]。由于核心素养不是直接由教师教出来的,而是需要学生在真实的问题情境中学习并运用相关的知识、技能,借助问题解决的实践培育起来的[2],在这个过程中,真实性学习显得尤为重要。

3.2 跨学科课程的优势能够弥补分科课程的不足

◎ **时代发展要求打破学科分化局面**

传统的分科课程体系中各学科具有自身的逻辑结构,以基础知识和基本技能为主线,内容丰富。通过分科学习,学生可以把各学科的知识基础打得十分扎实,这对于之后的科学研究、深入探究自然的奥秘有所帮助。然而随着新时代的到来,科技正在走向高度综合的发展趋势,交叉学科不断涌现,自然科学与社会科学在理论方法上相互渗透和融合,传统学科之间的界限被打破,各个学科的知识逐渐形成一个统一整体[3],在教育中被分离和碎片化的学科知识与多学科、多维度、跨国界、全球性的现实问题之间的矛盾也日益突出,在这样的背景下,只强调学科分化的局面必须被打破。

◎ **分科教学的不足备受关注**

当前分科教学的不足日益受人关注,主要反映在以下三个方面。第一,分科教学下教师孤立地授课,学生孤立地学习,分科过细导致教学内容缺乏横向联系以及与生活的联结,学生不仅容易形成孤立的知识结构,不懂得学科知识间的相互联系贯通,还很难将学科知识与社会实际问题相对应起来,既影响学习效果,长此以往还会阻碍创新精神和实践能力的培养。而由于在现实生活中存在的很多问题就是综合的、立体的、紧密联系的,分科教学也不利于培养学生发现和解决现实生活中的实际问题的

---

[1] 北京师范大学中国教育创新研究院.破译21世纪核心素养教育的全球经验[N].中国教师报,2016-06-08(003).
[2] 钟启泉.基于核心素养的课程发展:挑战与课题[J].全球教育展望,2016,45(1):3—25.
[3] 卢冬梅.试论跨学科课程的基本取向[J].新课程研究:基础教育,2010(1):19—20.

能力。第二,分科课程依据成人学术领域划分的课程编排方式、灌输式的教学方式和偏重记忆的课程评价等不利于照顾学生的个体差异,不利于发挥学生学习的主体性与积极性[1]。第三,将知识按学科进行划分的呈现方式很难反映我们生活世界的真实性和趣味性[2],学生在学习中也容易丧失兴趣。

◎ **跨学科课程能够弥补分科教学的不足**

通过打破学科之间的界限,跨学科课程能帮助实现多个学科概念、知识和方法的融合。对于一些前沿问题,从跨学科那样的多维角度进行探究也能得到合理的解释,从而更全面地认识事物的本质。首先,通过跨学科教学,教师可以所教学科的某一模块知识为出发点,通过启发诱导建立学科之间的横向联系,帮助学生形成对知识的整体和系统的认识,开阔视野,拓展思路,增进对知识和方法的理解和掌握,养成辩证的思维方式,提高综合能力[3]。其次,在开展跨学科课程中引入相关的现实世界中的问题,创设具有引导性的问题体系,建立书本知识与现实生活世界之间的联系,使学习内容与学生的生活和所处的社会有效联系起来,进行有意义的深度学习,真正形成有生命力的、个人化的、"活化"的知识,激发学生兴趣从而促进他们更加积极主动地学习未知理论和知识。此外,跨学科课程的支持者还提出跨学科的研究方法可以增加学生的参与度,提高学业成绩,为传统的课程和教学注入新鲜活力[4]。许多跨学科教学研究都显示,以综合和关联的方式呈现材料以及创造真实性学习的教学方式有助于提高学生的问题解决能力和批判思维能力,而这些也正是核心素养所强调的。

总之,当前教育领域所热议的核心素养是基于时代发展所提出的育人目标,核心素养的核心是"真实性",在以核心素养为标志的深化基础教育课程改革的背景下,传统分科的课程架构难以支撑核心素养的有效转化。可以说,跨学科课程整合是社会发展到一定程度的必然要求。通过跨学科统整的方式,打破传统学科边界,促进学科融合以弥补分科课程的不足,追问在核心素养导向下跨学科统整的主题如何选择、目标如何拟定、教学及评价如何设计以对接核心素养等问题,是推动课程持续变革和创新的有效手段。

---

[1] Mason T C. Integrated Curricula: Potential and Problems [J]. Journal of Teacher Education, 1996, 47 (4): 263-270.
[2] Morrison J, Buzz. Bartlett R V. STEM as a Curriculum [J]. Education Week, 2009. 23: 28-31.
[3] 赵斐,陈为锋. 新课程下跨学科教学的意义和途径探讨——以生物和地理学科为例[J]. 学周刊 a 版, 2013(12): 164.
[4] Beane J A. Curriculum Integration: Designing the Core of Democratic Education. [J]. 1997, 31(4): 494-497.

4. 国家课程中的跨学科统整

政策鼓励并指引课程整合 / 16
国家课程校本化的政策依据 / 17
为何要在国家课程范围内开展跨学科统整 / 17

◎ **政策鼓励并指引课程整合**

时代与社会发展下核心素养培养的重要性、分科教学的不足和跨学科课程的优势也引起了政策的关注。新一轮基础教育课程改革对课程结构进行了相应的调整,《基础教育课程改革纲要(试行)》、《国家中长期教育改革和发展规划纲要(2010—2020年)》等文件中都有关于课程整合的相关表述:改变课程结构过于强调学科本位、科目过多和缺乏整合的现状;小学阶段以综合课程为主[①];鼓励学校进行多样化的课程整合,加强教学与儿童社会生活的联系;学校要把减负落实到教育教学的各个环节,给学生留下了解社会、深入思考、动手实践的时间[②]。新课改提出了综合课程与分科课程相结合的课程结构,实行国家、地方、学校三级课程管理,把更多的课程自主权下放到学校。在这三级课程管理体系下,学校主动开发课程的空间越来越大,在诸多学校的课程开发实践中,主题综合课程、主题统整课程、学科内统整课程、学科间统整课程甚至完全打通学科界限的"全课程"成为大家热议的课程概念和课程开发的主要努力方向。

2014年发布的《教育部关于全面深化课程改革落实立德树人根本任务的意见》指出:"加强学科间的相互配合,发挥综合育人功能,不断提高学生综合运用知识解决

---

① 基础教育课程改革纲要(试行). [EB/OL]. http://www.moe.edu.cn/publicfiles/business/htmlfiles/moe/moe_309/200412/4672.html, 2001-06-08.
② 国家中长期教育改革和发展规划纲要(2010—2020年). [EB/OL]. http://www.gov.cn/jrzg/2010-07/29/content_1667143.htm, 2010-07-29.

实际问题的能力。要在发挥各学科独特育人功能的基础上,充分发挥学科间综合育人功能,开展跨学科主题教育教学活动,将相关学科的教育内容有机整合,提高学生综合分析问题、解决问题能力。"①在该文件的指导下,学校开展课程整合和课程体系建设的过程,也就是加强学科育人与学科间综合育人的有机联系,构建整体育人、全科育人的学校课程体系的过程②。2019年6月发布的《中共中央国务院关于深化教育教学改革全面提高义务教育质量的意见》指出,要"探索基于学科的课程综合化教学,开展研究型、项目化、合作式学习"③,以强化课堂主阵地作用,切实提高课堂教学质量。

◎ **国家课程校本化的政策依据**

在教育部意见的指导下,浙江省教育厅也下发了《关于深化义务教育课程改革的指导意见》,指出"加强各类课程、不同学科之间的联系和整合,组织跨学科教学和主题教育活动"④。值得注意的是,该意见首次提出将义务教育课程分为"基础性课程"和"拓展性课程",这与以往的国家课程、地方课程和校本课程三级课程体系的提法的不同之处也在于对课程整合的强调。三级课程体系的提法容易让学校认为学校只管校本课程就可以了,而新的说法则表明,只要是放到学校的课程,学校都可以进行校本化,包括国家课程。而后《浙江省教育厅办公室关于促进义务教育课程整合的指导意见》明确提出:"开展课程整合实施,有利于优化义务教育课程设置,加强学科课程之间的联系,提高课堂教学效益,切实减轻学生过重的课业负担,促进学生全面而有个性的发展,实现国家课程与地方课程的校本化实施。"⑤在这些相关意见的指导下,为促进学生的全面发展,学校进行国家课程和地方课程的校本化实施势在必行。

◎ **为何要在国家课程范围内开展跨学科统整**

国家课程是国家教育主权的核心载体,承载着国家育人的核心目标,是贯彻国家教育方针的重要途径,课程标准是国家课程设置目标的规范表达,是教材编制和教学的重要依据,对课程统整有着重要的指导意义。国家课程校本化,既是学校确保落实

---

① 教育部关于全面深化课程改革落实立德树人根本任务的意见. [EB/OL]. http://www.moe.gov.cn/publicfiles/business/htmlfiles/moe/s7054/201404/167226.html,2014-03-30.
② 杨志成. 论学校课程整合与课程体系建构的一般逻辑[J]. 课程·教材·教法,2016(8):55—59.
③ 中共中央 国务院关于深化教育教学改革全面提高义务教育质量的意见. [EB/OL]. http://www.moe.gov.cn/jyb_xxgk/moe_1777/moe_1778/201907/t20190708_389416.html,2019-06-23.
④ 浙江省教育厅关于深化义务教育课程改革的指导意见. [EB/OL]. http://www.zjedu.gov.cn/news/142778441751261711.html,2015-03-31.
⑤ 浙江省教育厅办公室关于促进义务教育课程整合的指导意见. [EB/OL]. http://www.zjedu.gov.cn/news/144254494146427736.html,2015-09-18.

国家课程和遵循课程标准的有效举措,又是围绕学校育人目标、基于学校实际情况的创新实践。当前有很多学校也在围绕国家课程对学校课程体系进行建构,如清华附小在"1+X课程"整合实践中有效整合国家课程,使得优化整合后的国家基础性课程要接近总课程的70%,补充相应的校本课程,实施占总课程30%的学生个性化特色课程,形成了一套较为科学的基于国家课程又丰富国家课程的课程体系[①],但这样的课程体系还是无形中将国家课程与校本课程进行割裂,容易导致课程的混乱,甚至可能增加学生的负担。如何更好地在国家课程中实行跨学科统整,把"规定动作"玩出"新花样",既保证国家课程的落实,又能在不增加课时和负担的情况下确保学生核心素养的培养,是京都小学正在持续研究的重要课题。

---

① 窦桂梅,柳海民.从主题教学到课程整合——清华附小"1+X课程"体系的建构与实施[J].东北师大学报(哲学社会科学版),2014(4):163—167.

5. 跨学科统整的误区/问题

当前实践领域中的跨学科统整存在诸多问题,主要表现在以下三个方面。

第一,在规划实施上,课程统整整体规划有所缺位。课程统整是一个长期且全面的过程,从学校开始规划课程统整到后来的实施,都需要一个整体的规划,而不是跟风随大流,为了整合而整合。如果学校没有整体规划,那么教师就很难深入理解课程统整,难以深入研究课程标准与结构,难以厘清跨学科统整与学生能力发展的关系,容易简单认为跨学科统整就是把与本学科稍微相关的知识引入到自己的课堂中,或者将几门不同的学科知识简单地拼凑在一起,缺少了对课程结构整体一贯的设计。这样的跨学科整合不仅不能达到预期效果,还可能增加教师的工作压力和学生的学习负担。而由于学校的规划缺位,教师的学科背景、教学理念等存在差异,教师只关注自己任教学科的知识,相互之间很难达到良好的沟通与合作,从而会出现在统整过程中拒绝合作或是虚假合作的倾向。

第二,在课程目标上,跨学科统整游离于课程标准。这是当下学校在进行课程统整时存在的最大问题之一。由于学校对课程标准的重视不够,教师对课程标准的理解把握不够,学校和教师在宏观的课程统整规划和具体的课堂教学实施中更多依靠的是原有的知识和教学经验,而不是国家的课程标准,只是简单将几门学科拼凑在一起并美其名曰"跨学科课程",课堂看似热闹,形式或许新颖,但并不持久,也很难达到真正的育人目标和价值。如何按照国家课程标准的要求、基于课程标准设计跨学科统整课程从而促进学生学习,是一个亟待解决的问题。

第三,在课程评价上,缺乏有效评价。无论是学科教学,还是跨学科教学,课堂中都或多或少存在着虚假学习的现象,这种虚假学习不仅表现在学习结果上,更表现在学习过程中。在跨学科统整中,教师倾向于设计丰富热闹的学习活动,象征性地开展小组合作、学生展示等环节,但对评价的重视程度不高,没有采取有效的评价来考察学生是否达到了预期的教学目标,判断学生是否发生了真正的学习。

6. 围绕真实性问题的跨学科统整

「故事一」真实情境下的跨学科学习 / 22
「家长感言」快乐学习,学以致用 / 27

针对以上误区或问题,我们应该思考一个重要问题:跨学科统整应该以什么为中心?有学者将多样化的课程统整模式概括为主题模式、问题模式和故事模式[①],也有学者将学科间课程整合的横向连接途径归为以概念为中心的整合、以主题为中心的整合和以方法为中心的整合[②]。综观实践领域,主题模式是当前跨学科统整中最常见的模式,而这个模式也最容易带来上述误区或问题。

回归到教育本质和展望未来社会发展或许有助于我们更加清晰地把握跨学科统整的核心。正如威金斯所说,学校教育的目标是使学生在真实世界能得心应手地生活。由于未来真实世界中简单重复性的任务大多交给人工智能来完成,个人和社会所要面对的问题往往是复杂的、没有现成方案的,需要创造性地运用专家思维来解决,因此今天的学生更需要的是专家的思维方式,教育要呈现学科知识背后的真实世界,帮助学生学会解决跨学科真实情境中的问题。在真实问题中,学生一起互动、交流、合作和碰撞,只有这样,学生学到的知识才是有生命力的、可迁移的。在跨学科统整中,虽然主题是一个统整的结合点,但围绕的中心应该是真实性问题,这是基于真实性学习理念基础之上的。

真实性学习也就是为真实而考,为真实而教,为真实而学。

"为真实而考"的典型例子就是国际学生评估项目(Programme for International Student Assessment, PISA),其可谓全球评价的风向标,指向测试学生解决问题的能力,无论是阅读、科学和数学,所有试题都联系了一个真实情境,它并不关注学生能否

---

① 周淑卿. 课程统整模式:原理与实作[M]. 嘉义:涛石文化事业有限公司,2002:21.
② 刘龙珍. 小学学科间课程整合研究[D]. 西南大学,2016.

把自己学的东西复述出来,而是测试在情境中能否迁移知识并进行创新。此外当前一些世界级大赛,如未来之城比赛(Future City Competition)和无人机挑战赛(Unmanned Aerial System Challenge)也都反映出"为真实而赛"的思路。按照这种趋势,今后考试将更加注重考察学生解决真实情境中问题的能力。因此,无论是就长远的人才目标而言,还是从短期的考察标准来说,跨学科统整教学都应该围绕真实性问题,从而发挥出"跨学科"空间所应有的巨大优势。

那么究竟应该如何围绕真实性问题进行跨学科统整呢? 也就是如何在跨学科统整中做到"为真实而教"。"为真实而教"就是创设真实的问题情境,激发学生的好奇心和探究欲,充分调动学生的生活体验,形成学习共同体,建构完整的思维流,从而培养解决真实问题的专家素养。相比于单科教学,这在跨学科统整中更有发挥的余地和着力点,因为真实的生活和问题本身就是跨学科的。而单有真实的问题情境还不够,教学还应该为学生的学习创造一个遵循思维规律、符合真实的学习过程,正如伯尼斯·麦卡锡(Bernice McCarthy)在自然学习设计模型中所提到的"体验"、"新知"、"应用"和"创造"这四个环节。其中"体验"就是要让学生知道为什么要学,学了之后能解决什么问题,也就是说学习一开始就是由对真实情境中问题的困惑而起。"新知"并非简单传授专家结论,而是要揭示专家的思维方式,也就是目前在国际教学理论界所强调的"大概念"(Big Idea)。"应用"和"创造"对于学习来说也是十分重要的,前者是近迁移,后者是远迁移。此外,真实性学习强调学习者不是被动接受的知识消费者,而是主动参与的知识创造和建构者,这种知识创造往往是在集体合作中展开的,因此合作学习也是跨学科统整中所提倡开展的学习方式。

跨学科统整应该促进学生"为真实而学"。在《21世纪教育学的整体愿景》报告中,辛西娅·露娜·斯科特(Cynthia Luna Scott)提出了教育学2.0(Pedagogy 2.0)的概念,即"一种新兴的教学实践,用以支持学习者的选择、自我指导和参与灵活的相关学习任务与策略",着重强调"自导学习"。真实性教育正是为了培养学生成为一个自觉的终身问题解决者,有发自内心的学习动机,并且能够以元认知来计划、调节和提升学习,探索和尝试过程中的失败和挫折。因此,围绕真实性问题的跨学科统整需要重视培养学生学习的兴趣,激发学生学习的动机,通过给予探究、发现、调查等活动给予学生成为学习主体的机会,增强学生的创造能力和元认知能力,成为一个自觉的终身问题解决者。

当前在世界范围内已悄然展开了真实性教育这一整体性运动,其中大部分都是围绕真实性问题的跨学科课程和项目,如爱荷华大学开展的"大概念"课程(Big Ideas Courses)由天文学、化学、生物学、地球科学和人类学等不同学科的教师组成的团队负责教学,利用专题式的课程设计来鼓励学生从跨学科角度考虑复杂问题,挖掘学生对新领域的内在兴趣,培养他们的专家思维模式;再如英国为11—14岁学生开设了"设计与技术"这一必修科目,要求学生解决真实情境中与技术关联的设计问题;又如澳洲莫纳什大学推出火星生存网络课程,邀请来自物理、地理、医学以及天文学等不同专业的教授嘉宾,以"如何在火星上生存"这一真实问题吸引众多在线学习者参与其中。这些课程和项目虽然主要集中在大学领域,但都展现了围绕真实性问题开展跨学科统整的强大趋势和巨大魅力。

[故事一]真实情境下的跨学科学习

2015年3月,学校开始基于国家课程的跨学科整合研究,我有幸参与其中,并担任年级组的备课组长。一路走来,从最开始形式上的"跨学科",经过不断的学习、实践、反思、调整,现今步入了真实情境下的跨学科学习,让学生的学习自然发生,取得良好的整合效果。

初试——多学科拼凑成了"跨学科"

刚接触到"跨学科"这个词,第一感觉就是迷茫,为什么要跨学科?怎样进行跨学科教学设计?带着这些问题我们进行了认真的思考,查询了大量的资料,还专门请教了参加第一轮实验的老师,围绕"我与法布尔"为主题展开了跨学科设计(如图1.1所示),分设"初识法布尔"、"对话法布尔"、"成长法布尔"三个子主题来建构三年级的跨学科教学活动。信息技术课作为活动开展的前置课程,先由相关教师指导学生提前查询相关网站搜集昆虫图片。通过学习音乐和语文大课、数学课(多位数乘一位数)、

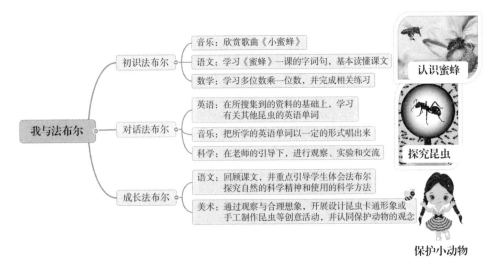

图1.1 "我与法布尔"跨学科设计

英语和音乐大课(将昆虫的英语单词唱成歌),学生能够掌握有关昆虫的基本知识。通过学习科学课(观察方法)、语文课(探究精神和科学态度)、美术课(形象设计、环保意识和自然观念),学生可以获得有关自然科学和生态环保的知识。

可实践起来并没有设想得那么美好,这哪是"跨学科"?就是各个学科内容"拼凑"成的几堂课。学生因为学习形式新奇,倒是学得不亦乐乎,但细细想来,这与日常教学没多大差别,各科老师之间沟通不够充分,仍是老师带着学生学习,导致各科之间融合度较低。这次实践给我泼了一盆冷水,重新反思一开始的问题:为什么要跨学科?怎样进行跨学科教学设计?

再试——利用主题提高各学科内容融合

第三轮实验,"美丽的大自然"和"水文化周"两个主题分班同时进行。

"美丽的大自然"从《荷花》引入,语文课上学习《荷花》,欣赏荷花的美,并用语言描述它的美,美术课上以美术视角描绘它的美,从而表达出对荷花的认识,科学课"开花了 结果了"进一步研究花的结构及观察推测花变成果实的过程,更进一步细节上认识荷花,接着数学课结合本主题进行"面积"的练习课,接下来语文课继续学习《我爱故乡的杨梅》,进一步观察认识,并进行热爱大自然的情感教育。最后英语、音乐课围绕本主题进一步培养审美情趣和热爱大自然的感情。"水文化周"围绕我校的水文化整合一到三年级的相关内容,紧紧围绕运河的美、古人治水、水净化等内容展开,几个学科融合在一起,实现了知识技能、情感、态度的统一。(内容见表1.1)

表1.1 "美丽的大自然"和"水文化周"课程安排

6月6日内容	上课老师	备 注
1. 语文:长城和运河 2. 品德:京杭大运河 3. 语文:作文课—美丽的运河 4. 美术:运河上的桥 5. 数学:运河边的数学	杨莉华 莫春燕 陈 莺 林 琳 孟莉丽	
6月7日内容	上课老师	备 注
1、2. 语文、科学结合上五水共治	陈 莺 施程翔	共60分钟 8:10—9:10
3. 体育	曹玥蔚	休息10分钟后,9:20—9:50上课(二楼室内操场上课)
4. 音乐:划小船 5. 英语:Row your boat	张呓霆 柳 琴	从第三节课开始,两科老师配合组织活动

续 表

6月8日内容	上课老师	备　注
1. 语文：西门豹 2. 科学：制作水净化器 3. 音乐：伦敦大桥垮下来 4. 英语：London bridge is falling down	杨莉华 施程翔 张吃霆 柳　琴	从第三节课开始，两科老师配合组织活动

　　吸取上次实验的教训，主题选定以后，我召集年级组老师多次进行了集体备课，加强沟通，使得各科内容紧密衔接，融合度有了很大提升，既学习了学科知识，又提高了学生的学习兴趣和学习效率，使学习有了连贯性和整体性。但在设计情境过程中仍然觉得太过拘泥于教材，与学生有距离感。怎样让学习自然发生？这几次的跨学科学习虽提高了学生学习效率和学习兴趣，学生的知识掌握情况也较好，但要反思我们带给学生的是什么，应该带给学生什么。

　　在水文化周活动中，我们从身边的大运河展开，以各学科的视角来观察运河，描绘运河，感受中国文明的灿烂与悠久，发现运河的美，增强保护运河的意识。从"长城与运河"开始学习，然后学习"京杭大运河"的历史及开凿意义。紧接着展开对"五水共治"的学习，"我们看到的美丽的运河是整容后的，30年前的运河可是又脏又臭，满是垃圾……"请学生观看各种图片后发表感想，再用拟人化的语言形容它，更加激起学生保护运河保护环境的强烈意识。趁热打铁——"幸好，杭州政府和市民认识到了环境保护的重要性，短短几年，运河发生了翻天覆地的变化"，科学老师隆重登场，介绍"五水共治"。"那古人如何治水？让我们继续走进历史故事《西门豹》，来看看西门豹如何带领老百姓治理漳河，使百姓安居乐业……"，"我国历史上有西门豹'引漳十二渠'，有大禹三过家门而不入，有范仲淹'浚河、修圩、置闸'三者并重的治水方针，有王安石主持颁布《农田水利法》来治水。现代，我们倡导'五水共治'，更好地保护我们

图1.2　"水文化周"学生作品展示

的生命之源——水。"此时让孩子动手操作学习制作净水器,将活动推向高潮。最后在认识了京杭大运河及其上的桥之后,也来见识一下其他国家的桥。随着英语和音乐的学习,本次活动接近尾声。

仅止于此?不,要让学生走出去,学生们分组进行了实践活动。(见图1.3)

图1.3 "水文化周"学生实践活动照片

这次活动让学生深深融入其中。随着活动的深入,孩子们的环保意识及责任意识被激发,学生纷纷表示不仅自己带头做好"治水小卫士",更要号召身边的人积极投入到爱水护水的行动中去,这次主题学习活动得到领导、学生、家长的好评。再次反思,这次活动是成功的,但是如果能更放手让学生进行自主探究,让学生能够靠自己的能力解决身边的问题,就会取得更好的教育效果。

6. 围绕真实性问题的跨学科统整

初见成效——从真实情境出发

正当研究停滞不前时，浙大刘徽老师和我校课题组负责人洪俊校长给我们讲明道理，再次明确：我们学校基于国家课程的跨学科整合以教材内容整合点、地域文化特色点、学生生活兴趣点等为核心整合各学科内容，搭建起基于真实性学习的跨学科综合课程体系。通过跨学科学习我们应该带给学生批判性思维、协作能力、自我管理能力、综合解决问题的能力等，而非仅让学生掌握某一项技能或结论，所以从真实情境出发的跨学科学习更加有效。于是，在第四轮实验、四年级下册的跨学科学习周中，我提出了以"营养午餐"为主题的项目化学习：

1. 提出问题，设计活动方案

师：同学们，告诉大家一个好消息，学校请你们设计一周的午餐食谱，并会按照你们的设计提供午餐。你想怎样设计呢？要考虑哪些因素？

很多学生列举出了自己爱吃的各种菜肴，也有的同学提出还要注意营养。

师：是的，除了满足自己的喜好，还要考虑营养问题呢，你知道哪些有关营养的知识？

学生都知道要少吃垃圾食品，注意荤素搭配，具体怎么设计不太清楚。

师：怎样安排午餐更营养？你打算怎样解决这个问题？

生1：去查阅有关营养饮食的资料。

生2：然后根据资料，选择大家喜欢又营养的菜进行搭配。

师：好，就按你们的想法，我们先调查同学们喜欢什么样的午餐；再统计分析，搜集资料；最后根据信息和资料设计周菜谱。

2. 按照方案设计完成任务

（1）结合科学教材、查阅网络及书籍资料，更新、完善教材中的营养知识，小组合作制作PPT或小报展示。通过这一活动过程和成果展示，观察、分析、评价每个学生的表现，并提出合理建议，以促进个性发展。同时培养学生团队合作的意识和能力，并对团队合作情况进行评价，以促进合作能力的提升。

（2）设计"我"的膳食宝塔。根据搜集的资料，交流总结出营养搭配原则，将日常食物分类，根据所含营养物质及人体所需营养设计"膳食宝塔"并说明理由。最终出示中国营养学会制定的"膳食宝塔"并和"我的膳食宝塔"作对比。不论学生制作的膳食宝塔是否与之相同，学生能合理解释便给予肯定，这一过程是学生对既有经验和知识的综合分析和应用，也是对学生解决问题能力的一种锻炼，在此过程中，学生学会思考，也学会质疑和接纳。

（3）设计出一份符合现实情况、符合营养均衡原则的一周午餐菜谱。学生能综合科学知识、数学方法设计出各种搭配，并根据学校现实情况及营养搭配原则进行调整。在不断地评价自我、发现问题、思考并解决问题的过程中,一周午餐菜谱初见雏形。这是全班学生合作的结晶,学生为自己的成果无比开心,请校营养师评价后,得到了采用,这就是对他们的肯定,学生获得了成功的体验,也满足了他们满满的期待。

(4) 根据校内午餐合理调整家中饮食安排。检验、评价自己是否能够综合解决这个问题,如果不能该寻求怎样的帮助,如果设计好了是否可以进行自我评价,这都是对学生自主学习能力及解决问题能力的培养。

项目化学习基于真实情境,真正以生为本,这样的学习是自然发生的,由"老师让我学什么"转变为"我想学什么"、"我要怎么学"。一切都是根据学生自己的需求指引着学习方向,学生学到的不只是一个简单的结论,而是最重要的思维方式。

(杭州市京都小学 贾小双)

[家长感言]快乐学习,学以致用

过去的一周,似乎是金桐上小学以来最快乐轻松的一周。他每天放学回来都对这天的课堂充满回味,并且对第二天的课程充满憧憬。我不由地好奇,他忽然一下子没有了自己"讨厌"的课程,后来他告诉我原来他们正在进行一次精彩的课堂实验。

我不由自主地想去了解这次的实验:京都小学的"多元·融合·创新——基于水文化引领的跨学科课程体系建构研究"。通过和孩子的交流,我发现这样的创新课堂不仅仅精彩,甚至可以说是开创性的。

寓教于乐是教育的最高境界之一。我发现孩子在这个开放性的课堂中,能够全身心地投入其中,并且能潜移默化地获得知识。通过游戏、观察、体验等完全不同于传统课堂的方式创造性地让孩子掌握知识,孩子不仅能轻松快乐地学习而且能更加深刻地理解所学的知识。

科学是整体的认知。跨学科的教育正是服务于孩子的认知体系,不仅是将学科成为科学,更让孩子没有偏科。在现实生活中,各学科的知识是密不可分的,打破学科的界限,让知识流动起来,更有利于孩子的认知和理解。

学以致用是学习的最终目的。在这个精彩的实验中,课堂知识要点是围绕现实生活展开的,获取知识的途径是和实践相结合的,最后学到的知识是为解决现实问题的。在这样的课程设计中,知识贴近实际,教学服务于学生解决问题的能力,真正体现学以致用的教育价值。

孩子接受了这样一次科学而有趣的课程实验,他一定印象深刻。无论是寓教于乐的教学形式、跨学科的知识大融合,还是获得知识、学以致用地解决实际问题,都让孩子有了一个思考:学习可以是快乐的,寻求答案的过程是可以触摸的,知识是可以在日常生活中体现价值的。感谢京都小学和老师们,让孩子们有幸经历这样一次脑洞大开的精彩课程。

(第一编主要作者为浙江大学教育学院　刘　徽　杨佳欣)

第二编：跨学科统整的实践探索
——跨学科统整怎么做？

1. 寻求主题——打破教研组备课

1.1 地域文化特色点 / 31
1.2 教材内容相通点 / 34
1.3 学生生活兴趣点 / 35
　　「故事二」与跨学科课程主题的一场美丽邂逅 / 37
　　「故事三」在航行中，灯塔渐现——我是如何确定跨学科课程主题的 / 39
　　「故事四」动动手指，玩转课堂——轮番合作，共寻主题 / 40

在国家课程范围内对两个或两个以上科目的内容进行整合，设计主题学习模式的跨学科课程，首先必须对课程的主题进行寻求和确定。以往很多学校在进行主题寻求时带有极大的随意性，主题所涉及的内容是否与学生的兴趣和接受能力相匹配也有待考量。而京都小学在四轮跨学科教学实验中不断探索，以点带面，全面提升，总结出基于国家课程教材的主题寻求的三个出发点——地域文化特色点、教材内容相通点和学生生活兴趣点。无论是从哪个出发点出发，所整合的内容都来源于国家课程教材，并且贴近学生的实际生活，目的在于不断激发学生的好奇心和探究欲，充分调动学生的生活体验。

1.1 地域文化特色点

杭州市京都小学坐落在京杭大运河河畔，有着悠久独特的运河文化，秉持"幸福教育　适性发展"的办学理念，践行"上善若水　博学笃志"的校训。近几年来，学校正积极开展学校课程体系建设的课题研究，围绕学校的"运河文化"特色，从"水之德"、"水之润"和"水之色"三个维度重新构建学校的课程体系，其中"水之德"板块是指学校的德育课程，"水之色"板块是指学校的校本课程，而"水之润"板块是指学校最具特色也最具挑战性的跨学科课程。京都小学在跨学科课程上的特色主要是在国家课程的范围内开展跨学科教学实验。2015年3月，学校开始了第一轮实验。基于学校的"运河文化"特色，学校老师们通过围绕"水"和"运河"，分别在低年级和高年级的教材中找到了相应内容加以整合，形成以"我与运河"和"运河文化"为主题的两个为期一周的课程。其中"我与运河"在低年级开展，包括"感受水"、"亲近水"、"善待水"三个组成部分，"运河文化"包括"水的形态我认识"、"水的韵味我欣赏"、"水与生活我体验"、"人文运河我的家"四个组成部分。语文、数学、科学、品德、音乐、美术、信息等科目均围绕主题展开教学。图2.1和图2.2分别为这两个跨学科课程的整合科目与相应的教学内容。这些教学内容经过整合后，更贴近孩子们的生活实际，趣味性也得以提升，因此备受孩子们的欢迎。

图2.1 "运河文化"跨学科课程内容

在这一周中，学校对课表进行了调整，表2.1为五年级四班的课表。可以发现，根据教学需要，既有60分钟的长课，也有20分钟的短课。在教学中可以由不同科目的老师一起合作，还可以走出校门。在这样的跨学科教学中，语文的表达、音乐的律动、数学的逻辑、美术的创作等思维和能力在学生身上可以同时得到提升。跨学科整合在鼓励教师发挥专长的同时也向教师提出了挑战。教师不仅需要关注本学科原有教学内容，还需要留心处在学科交叉地带的跨学科概念和技能。而正是在这种挑战和锻炼下，参与整合的教师逐渐从单纯的国家课程实施者转变为自己独特课程的开发者，掌握更多综合知识，成为多能型教师。

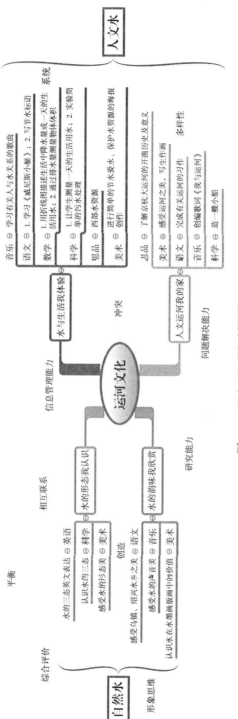

图 2.2 "我与运河"跨学科课程内容

1. 寻求主题——打破教研组备课 33

表 2.1　杭州市京都小学五年级四班"运河文化"主题学习周课表(2015.5.4—5.8)

	星期一	星期二	星期三	星期四	星期五
一	综合实践	语文	数学	语文 美术	学校课程
二	语文	数学	语文		语文
三	数学 科学	品德	音乐	数学	美术 英语
四		音乐	英语		
五	体育	科学 英语	体育	少先队活动	科学
六	社团活动		品德	体育	信息

1.2　教材内容相通点

经过了第一轮实验,学校校长和老师们初步掌握了跨学科课程建设的思路和方法,体会到了跨学科课程带来的变化,于是分别在 2015 年 11 月和 2016 年 4 月开展了第二轮和第三轮实验。在这两轮实验中,学校打破了传统的教研组备课的形式,采取年级组备课的方式,同一年级不同科目的教师通过讨论交流,在各科目教材中寻找内容的相通点,并形成一个合适的主题。

京都小学在语文、数学、英语上使用的是人教版的教材,在科学上使用的是教科版教材,在品德上使用的是浙教版教材,在音乐上使用的是人音版教材,在美术上使用的是浙美版教材。依据这些版本的教材,一至六年级中每个年级最后都形成相应的科目教学内容和主题。

如在二年级下册的数学教材中第七单元是"认识时间",语文教材中有《四季的脚步》、《一分钟》等与时间相关的文章,在美术教材中还有"小闹钟"这一设计应用课的内容,将这些学科内容进行整理,提取出"时间在哪里"这一主题。再如四年级下册中的语文教材有《牧场之国》、《乡下人家》、《麦哨》等与田园生活相关的课文,音乐有《牧羊姑娘》、《我的家乡在牧场》等关于田园风光的歌曲,美术中还有与田园风光相关的画作,英语中有"At the farm"与农场相关的单元,将这些学科内容进行整理,提取出"田园牧歌"这一优美的主题。

在第二轮实验中教师们设计了"时间在哪里"、"我与法布尔"、"我们的奇思妙想"、"保护环境珍爱家园"四个跨学科课程,分别在二至五年级的跨学科课程整合周里开展。在第三轮实验中教师们设计了"奇妙的动物世界"、"创造就是这么简单"、"我与自然"、"田园牧歌"、"日新月异的生活"、"成长的旅行"等跨学科课程,分别在一至六年级的跨学科课程整合周里开展。

至此,学校的跨学科课程整合实验已基本覆盖了全校师生,每个学期都会开设"跨学科主题学习周",每个年级同时进行跨学科主题教学活动。

1.3 学生生活兴趣点

2017年3月,学校开展了第四轮实验。这次实验主要是在前三轮实验的基础上进行补充,并对所发现的问题进行调整。从京都小学已有跨学科课程的实践成果来看,学校对跨学科课程的定位更类似于德雷克所说的"多学科"模式以及雅克布斯所提出的"平行设计"和"多学科设计"。这是由于整合是从寻找教材的相通点开始的,因此很难同时兼顾到跨学科的概念和技能。学校跨学科课程的重点在于通过围绕主题结合不同学科的内容,贴近学生的日常生活和体验,从而激发学生学习的兴趣,调动学生的生活体验,使其在动手动脑的同时收获知识,提高技能,体验过程,掌握方法,培养正确的情感和价值观。

在认识到从地域文化特色点和教材内容相通点出发寻找主题所形成的跨学科课程的不足之处以及跨学科课程本身的优势所在后,学校在第四轮实验中一方面改进原有的跨学科课程的教学,另一方面开发新的跨学科课程,重点关注运用真实性学习的理念,从学生生活的兴趣点出发,结合教材寻找相应的主题。在酝酿之时恰逢当时元旦和春节将至,学校里充满过节的气息,小朋友逢年过节时都很喜欢自己动手包装礼物赠送小伙伴和家人,而包装礼物就恰恰与五年级即将学习的长方体知识相关。

小学五年级人教版数学课本的第三章"长方体和正方体"中,主要有"长方体的认识"、"长方体和正方体的表面积"、"长方体和正方体的体积"这三部分内容。其中"长方体和正方体的表面积"一节中涉及长方体和正方体的展开图(如图2.3所示),用

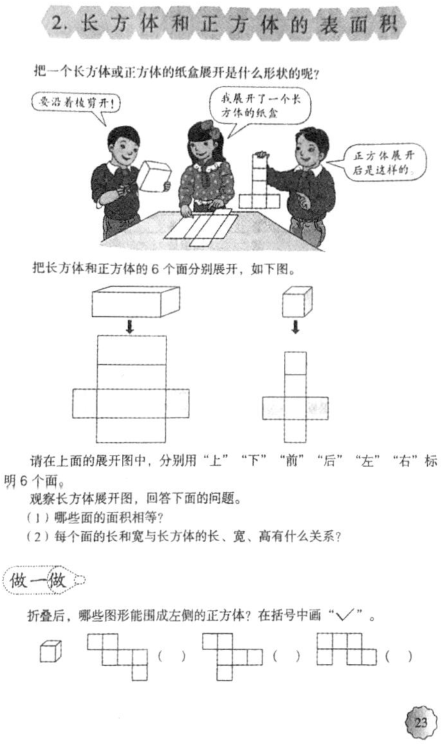

图2.3 教材中长方体和正方体展开图内容

以帮助理解长方体和正方体的表面积的组成部分。在课本习题中,有关长方体和正方体表面积计算的题目会结合生活中的物品,比如包装箱、墨水盒等,并会用"至少需要多少硬纸板"的提问方式取代直接求问"其表面积是多少"(如图 2.4 所示)。在课后习题中,还有更加接近生活实际的包装礼盒问题,把礼盒所需的包装纸面积直接假设为礼盒表面积的 1.5 倍(如图 2.5 所示)。在章末复习题中还对长方体和正方体的展开图进行进一步地拓展,让学生自己探索有多少种展开方式(如图 2.6 所示)。这些教材上的资源给予了教师们设计"包装礼物"这一真实性任务的灵感。对于刚刚接触立体图形的小学五年级学生而言,仅仅通过课上老师讲解并完成相应习题,对立体图形的知识点很难达到理解透彻。很多学生仅仅学会了运用公式来计算表面积和体积这一间接经验和结果,缺乏体验、思考与探索的过程,在实际生活中遇到更加复杂的问题并不知道应该如何解决,思维较为狭窄。习题虽以生活中的物品和事件为背景,但也只是停留在"纸上谈兵"的阶段,对于喜欢动手实践的小学生来说还是远远不足以激发兴趣、调动积极性、引发数学思考和鼓励创造性思维。

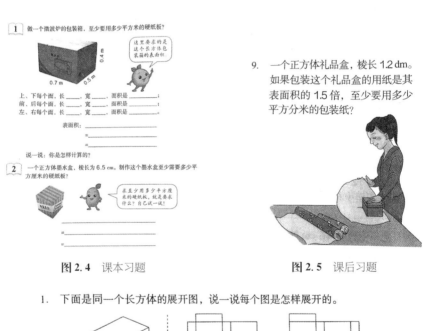

图 2.4 课本习题　　　　图 2.5 课后习题

图 2.6 章末复习题

数学老师在与美术老师讨论后发现,在礼物包装的任务中,为了美化包装纸,还会应用到美术课本中的"色彩世界"中的色彩搭配知识。浙教版五年级美术课本中"色彩的世界"这一节中主要包括"同类色"、"邻近色"、"对比色"的色彩搭配相关知识。可以发现,教材上仅仅介绍了色彩搭配的小知识,展示了一些搭配的示例图片。通过教师简单的讲授并不能使学生对色彩搭配的知识进行深化,而由于教材也没有给予一个围绕某一主题进行创作的任务,许多老师也没有进一步让学生进行实践。从这个角度而言,将色彩搭配知识融入"包装礼物"这一真实任务中,既可以帮助学生回顾和应用相关的美术知识,又可以加强课本内容与生活实际的联系,使学生在实际生活应用中领悟美术的价值,体会美术与其他学科的联系,通过实践发展综合实践能力,还可以最大限度地还原生活中"礼物包装"的情境,增加任务的丰富性和趣味性。此外,语文中的口语表达和写作也会在礼物的贺卡和展示环节中应用到。通过结合这三个科目的内容,最后形成"礼物巧包装"这一节时长60分钟的跨学科课程。

可以发现,从学生生活的兴趣点出发,结合教材内容寻找主题,并以真实任务为依托,透视各个科目在这个任务中可以起到的作用,有助于提高学科融合的程度,而其中创设的真实问题情境也能激发学生的好奇心和探究欲,充分调动学生的生活体验,建构完整的思维流,提高学生解决真实问题的能力。

「故事二」与跨学科课程主题的一场美丽邂逅

无心插柳,柳成荫

作为一名语文老师,我一直致力于培养学生良好的阅读习惯,要求孩子们每天阅读二十分钟以上,孩子们的阅读热情也越来越高涨。

记得有一天,一位孩子来向我请教在《三国演义》中读到"赤壁之战"这个章节时遇到的疑问:为什么诸葛亮在借箭时调转船身,船就渐渐恢复了平稳呢?我告诉他:"因为一侧的船头都是箭,所以这一侧往下沉,而另一侧船头没有箭,所以就往上浮。"听到我的回答,这个孩子脸上依旧是愁云满布,明显我这个答案无法解决他的困惑。

由于专业能力的不同,科学性的问题还真是难倒了我。于是我便向科学教师潘宏请教关于为何诸葛亮调转船头就使船逐渐恢复平稳的科学原理。潘老师耐心地和我解释,这是和物体的沉浮有关,还告诉了我影响物体沉浮的因素有哪些。我和潘老师聊着聊着,发现五下语文课本中的《草船借箭》和五下科学课本中"沉浮与什么因素有关"两个内容有联系,我俩突然灵感闪现:何不合作开一堂主题为"《三国演义》中的科学知识"的"语文+科学"跨学科整合课?我和潘宏老师作为学校的跨学科课题组的成员,本来就要在跨学科主题周开设一节展示课,这不是很好的内容吗?说干就干,我俩第一时间向学校省级规划立项课题"多元·融合·创新——基于水文化引领的跨学科课程体系建构研究"组长洪俊校长汇报,得到校长的支持和肯定,我们开始积极准备起来。

初尝试,不可得

一开始,我与潘老师分头按照各自学科的目标设计教案,经过反复修改后开始试教。理想很丰满,现实却很骨感。我俩怀着激动的心情去上课,却铩羽而归。在上课之初,知道有两位老师上同一节课,孩子们都兴奋异常,但越往后,孩子们的兴趣却开始不断降低,有些人甚至开始走神,游离于课堂之外。课后,我看着孩子们填写的关于这节课的"收获单"时,明显孩子们所得到的收获与我俩预想的是出入极大的!我们课前预设的学习目标是希望孩子们通过这节课能够了解到诸葛亮的"神机妙算"表现在哪里和搞清楚影响物体沉浮的因素有哪些,可是从学生填写的"收获单"看,我们发现学生对于这节课的理解浮于表面。学生能感受到诸葛亮是一个有智慧的人,但对到底哪里体现了他的"神机妙算"却知之甚少,同时对于影响物体沉浮因素的掌握也浮于表面。这样的结果对我俩来说是一个打击。痛定思痛,通过观看课堂录像,我们发现我们的课其实称不上是一节真正的跨学科课程,只是上完语文课部分再接着上科学课的内容,完全就是两堂课,是为了整合而整合的课。

千点万点,不如主题一点

面对这样的结果,我俩反省了自身的研究模式,觉得我们闭门造车,只顾着"摸着石头过河"的研究方式在本质上就是不够周全的,于是我们决定向熟知跨学科课程整合的两位下城名师——我校的洪俊校长和马林书记进行请教。两位名师热情地为我们答疑解惑。他们告诉我们,首要明确一堂跨学科课程的主题是什么?主题是跨学科课程的生命,如果主题设定错误,那么一开始的方向便是错误的!如果把跨学科课程涉及的两门学科作为独立的个体,设定不同的主题进行教学,那么就脱离了跨学科教学的意义了。

经过两位名师的指导以后,我们重新审视自己的课,果然发现我们的主题就有大问题!原先的主题"《三国演义》中的科学知识"虽然涵盖了原先两节课的知识点,但并没有解决一个真实性问题,这个主题太笼统了,只是将语文和科学内容取其重点相加起来,没有提取精要,真正让孩子们学到东西。

黑夜过后,是无尽的光明

经过试教的"惨败",经过名师们的提点,再经过我俩一次又一次反复探讨和修改,我们最终确定了本次跨学科课程的主题为"为什么称诸葛亮是一位杰出的军事家"。为何最终定下这个主题,究其原因有两点:1."为什么称诸葛亮是一位杰出的军事家"这个主题不仅紧扣学习内容,更对本课的主人公诸葛亮进行了深刻剖析,在了解诸葛亮的过程当中,不仅能了解到三国时期的知识背景,还能让孩子学到影响沉浮的因素有哪些,更激发学生对《三国演义》这部书的阅读热情和加强对科学知识的探索精神。2."为什么称诸葛亮是一位杰出的军事家"是一个孩子们感兴趣的真实性问题,在探索的过程中学生是打起十二分精神,这也与试教时的逐渐失去兴趣形成一个巨大反差,说明这个主题是适合这节跨学科课程的,能被孩子们欣然接受并坚持探索更是说明其准确性。

这一场对于跨学科课程主题苦苦追寻的"旅程"也终于画上一个圆满的句号。过程虽然辛苦,但苦中有甜,我们的收获是巨大的!我们明白,跨学科课程主题确定的重要性,必须从学生的真实性问题出发,才能构建更有效的整合课堂。更重要的是,从实践中我们深深地体会到:只有以生为本,从学生的角度出发,真正为学生考虑,才能上出一堂好的跨学科整合课。

(杭州市京都小学　虞子赢)

「故事三」在航行中,灯塔渐现——我是如何确定跨学科课程主题的

在教学语文《小壁虎借尾巴》这篇课文时,我正饶有兴致地为学生介绍壁虎的动物知识,一个孩子举起手来:"老师,我知道壁虎,它的脑袋小小的,尾巴又细又长,爪上还有吸盘,它能在墙上和玻璃上走路,都掉不下来……"他滔滔不绝地说着,我夸赞说:"你说得真好,课前花了不少时间预习吧?"孩子说:"老师,我平时就喜欢看动物世界,而且我看了《道德与法治》课本,上面也讲了很多动物的小知识呢。"听了他的话,同学们都提起了兴趣,一些孩子也忍不住拿出《道德与法治》课本翻起来。

我一下子想起来,在《道德与法治》课本中,确实有关于动物的主题"可爱的动物"一课,这节课介绍了动物的独特器官和功能以及动物作为老师对人类的启发,还请孩子讲讲与动物之间发生的小故事。这一内容与今天语文教学内容《小壁虎借尾巴》有很多相似之处。

我灵机一动,何不把《小壁虎借尾巴》与"可爱的动物"整合成一堂语文、品德跨学科课呢?于是,我和我们年级组的老师一起,开始对这个整合课程进行了精心的设计:我们从"语文——品德"跨学科主题课程入手,研读教材,发现两课之间有很多交叉、甚至重复的知识点,我们把这些相关的知识点梳理出来,整合成一个新的关于动物的主题课程——"动物器官的独特功能"。

确定主题后,我们的跨学科整合课在各班展开。其间洪俊校长、师父詹丽萍老师、林江帆老师以及品德课教研组长王瑛老师等都给我们提出了宝贵意见。最大的问题就是主题不够鲜明,两学科的整合点也欠妥当。洪校长说:"整合一堂跨学科课,

主题的确定至关重要,它犹如航海者眼中的灯塔,确定航向,决定着一堂课设计的走向。"

首先,我们将整合主题做了调整。不再以知识点整合为主要依据,而是真正以生为本,考虑孩子们的学习兴趣。经过和前辈教师的讨论和自己在实践中的思考,我们发现学生对这一主题的语文和品德课中,动物在形态、声音、独特器官的奇妙之处最感兴趣,往往涉及这些环节,孩子们最愿意交流,这一点上面重合的知识点也很多,所以决定将"奇妙"定为整合主题,那么教学流程也要充分围绕动物的"奇妙"展开。这样修改之后,我们仿若迷惑的行船人看到了明亮的灯塔。接下来就要根据新的航向调整课堂运行的细节了。

第二,教学过程要紧紧围绕整合主题进行。我们做了如下修改:首先,在课堂伊始的导语中就点明今天要带大家探索奇妙的动物世界,提纲挈领。紧接着用"动物为什么奇妙?奇妙在哪里?"提出总问题,后面带领大家去解答。在与品德部分衔接时,增加一个提问"你觉得这些小动物什么地方最让你感觉奇妙?"并展开讨论,既切题又便于与后续部分衔接。品德部分也根据不同动物形态、声音、动作、器官功能等不同的奇妙特质,增加了根据老师的动作声音猜动物的环节,还从仿生学的角度增加了"我们可以跟动物老师学习什么"的环节,带领孩子们体会动物各有所长,能够为人类所学习的奇妙之处,进一步贴合主题。

重定主题并依据主题进行了教学流程的修改后,我们的教学主线更加突出,教学步骤更有条理性,课堂更加充满了趣意和欢笑。

经过这次实践,我们进一步明确了,课程整合要结合学生的真实性学习展开,与学生的生活实际相结合。跨学科课程各个环节的设计都不是一蹴而就的。尤其是主题的确定,它可能贯穿于从初步设计到设计完毕的整个阶段,像是一段不寻常的航行,需要不断地摸索,才能在多次调整航向之后,灯塔渐现。

(杭州市京都小学 孙慧蓉)

「故事四」动动手指,玩转课堂——轮番合作,共寻主题

学校每学期都会组织一次为期1周的跨学科整合学习周活动,全体教师参与,我也有幸投身到这股教学改革的洪流中。在这一周里,各科老师各显神通,纷纷就一个主题,带领学生展开不同层面的探究学习。2017年4月,我与杭州市教坛新秀、数学黄素平老师携手开设了一节基于"礼物包装"这一真实性问题的美术+数学的跨学科整合课。

不同于传统的分科教学,合作从始至终贯穿于整个跨学科研究与教学过程中。

从确立教学目标,搭建起最初的教学过程,到一次次在磨课中观察学生们现场的学习表现、听取专家老师们的建议,每一次我们都相互讨论,轮番调整和改变,试图将促进学生探究互动的理念贯穿到整个学习过程中。

共同讨论、寻找主题、同时备课是跨学科教学活动开展的重要特征。在我与黄老师备课的过程中,我们就各自突破重难点的教学方式、活动设置进行了交流。在这堂课中,学生需要在解决包装色彩搭配问题后,完成包装、制作。那如何让学生理解从平面到立体这一转换,解决包装纸大小的计算问题呢?

华灯初上,教学大楼里只剩下我们这个楼层亮着灯。一大一小两个身影(我身高175厘米,黄老师154厘米)在教室里晃动,我们准备完材料后,搬至办公室准备拍摄《长方体礼物包装操作》的微课视频。我负责示范,黄老师在一旁拿着手机专注地拍摄,为了精炼内容,我们决定一个负责后期剪辑,一个负责解说,最大限度地实现微课的有效性。微课示范是美术教学中近年来常用的手段,它能直观而清晰地向学生演示制作中的步骤和重难点,解决具体的操作问题。但在微课中它却无法从科学的角度向学生道明包装纸大小与盒子的关系。这正是我们一直烦恼的地方。怎样才能在学习过程中帮助学生建立空间观念,顺利解决问题呢?拍摄完后,我们又讨论起这个问题,我建议拆个盒子,拿根绳子,比划比划讲授。黄老师笑着说:"那可不行,数学的思维可是非常严谨的,要用数学的语言来讲解。"于是,在一番思考后,黄老师想到为何不利用自己在信息技术方面的特长,借助 APP 和交互式白板工具来解决问题呢?果然是个好点子,我不禁赞叹。外面下起了淅淅沥沥的小雨,黄老师还在电话里与设备的提供方沟通着各种要求,小小的身躯里满是大大的能量,与一位懂技术的专家老师在一起,你无法不体会到技术在她指尖化成绕指柔的样子,能与这样一位严谨投入的前辈搭档,真是收益颇多!

正式开课的那天,学生们被分成四人一组参与课堂。课前热身阶段,大家惊喜地从抽屉里拿出 iPad。在数学黄老师的引导下,随着孩子们指尖轻轻的滑动,大家在 Shapes 几何类 APP 的游戏中开启了本次跨学科学习。孩子们好奇地用手指在屏幕上来回滑动,从各个角度翻转,观察长方体、同时模拟长方体各种形式的展开图。我们听到孩子在问同伴:"我们今天是要上什么课呢?"显然,他们已经开始思考了,这是个不错的开头。

心生好奇的同学们,成了我登台的催化剂,是时候开启本次课堂了,黄老师给我一个眼神示意。美术部分,我围绕色彩搭配抛出一个个驱动性问题。孩子们讨论思考,为了让大家掌握基本的色彩知识,学会色彩搭配,各组还参与了现场搭配体验。我从旁指导,数学黄老师则利用投屏技术,将各组同学的表现,即时地反馈到大屏幕上,为小组间的相互学习、教师的及时性评价提供了极好的平台。

1. 寻求主题——打破教研组备课

艺术与技术的有效合作,推动了课堂的不断前进。我们两位老师的角色也不断发生改变。这边黄老师巡回指导大家组合、测量、计算包装材料尺寸,那边完成的小组成员前来我的柜台购买材料。一前一后,合作对接。

　　"咦,我们买回的纸为什么包起来总是不太对劲?"、"李老板,我想重新换一个颜色的丝带,有组员说不太好看!"、"这么画卡片怎么样?"……现场我们协助孩子们共同解决礼物包装中碰到的问题,完成最终的成果。

　　完成的那一刻,孩子们既激动又意犹未尽,我与黄老师也是沉浸其中。回看课上留下的一张照片,我们俩正一同拿着一个小组的成果在进行穿插点评呢。我想,这大概就是跨学科整合中合作的力量吧,它助推课堂真实的升华,也促成孩子更多维度的成长。

(杭州市京都小学　李智佳)

2. 目标先置——逆向设计思路

2.1　整理学科课程标准 / 44
2.2　明确大概念 / 46
2.3　构建"知、行、为"学习桥 / 47
「故事五」寻找教学目标的"宝石王冠" / 52
「故事六」动动手指,玩转课堂——勤思敏搭,互动在线 / 56
「故事七」跨学科统整　落实大概念——我们在路上 / 58
「故事八」依托大概念,促进学生的系统学习 / 60

由于几十年积淀的传统的分科思维没有那么容易改变,对于跨学科课程整合的探索也不可能一蹴而就。跨学科教学开展的过程中最大的问题是部分教师仍只关注自己学科的教学内容,在寻找学科的结合点时衔接过渡有些牵强,而这归根到底是课程目标不明确导致的,它也是跨学科课程的一个难点。正如威金斯和杰伊·麦克泰格(Jay McTighe)在《理解力培养与课程设计：一种教学和评价的新实践》一书中开头的第四个故事一样：有一所学校在每年秋季都会安排一个苹果周活动,在这一周中,学生在语义课上阅读《可爱的苹果籽》节籍,在美术课上用蛋彩画创造自己的苹果,并在学校走廊上用苹果叶贴画,在音乐课上学唱与苹果有关的歌,在科学课上感受并描述不同类型的苹果,在数学课上研究分配苹果酱的问题,最后教师还精心组织了一次活动,邀请家长志愿者制作苹果点心。这个活动看似符合今天倡导的课程理念,实则缺乏课程设计应有的深度,学生在其中只需动手不需动脑,能力水平尤其是深度理解能力并没有得到有效提升。因此,威金斯和麦克泰格提出"基于理解的教学设计"(Understand by Design, UbD),强调逆向的课程设计思路,其中第一步就是要确定预期的学习目标。

为了避免跨学科课程的形式化,在确定主题和内容后,最重要的就是要确定课程的目标,确保整合后的跨学科课程有的放矢,使其能够发挥培养学生的学科素养和跨学科素养、调动生活体验、激发兴趣等整体效果。从京都小学的跨学科实践中,教师们总结出了跨学科课程的目标先置的三个步骤:整理学科课程标准、明确大概念和构建"知、行、为"学习桥。

2.1 整理学科课程标准

课程标准是国家课程设置目标的规范表达,是教材编制和教学的依据。[①] 由于跨学科课程的主题和教学内容都来源于国家课程教材,在制定教学目标时就更应该遵循以课程标准为基础,从而确保整合后的课程目标达到国家课程标准水平。

在认识到跨学科课程的难点和课程标准的重要性后,为了进一步提高跨学科课程的设计系统性和有效性,教师们利用逆向课程设计的理论,结合各科目的教材教学内容,通过浏览各科目的相关课程标准,对课程的具体目标加以整理。

在课程标准的描述中,各个科目的课程目标分为不同学段不同方面。具体如表2.2 所示。

表2.2　小学各学科课程标准中的课程目标维度

科目	语文	数学	英语	科学	美术	音乐	体育
课程目标	识字与写字	知识技能	语言技能	科学知识	造型表现	情感态度价值观	运动参与
	阅读	数学思考	语言知识	科学探究	设计应用		运动技能
	写话(习作)	问题解决	情感态度	科学态度	欣赏评述	过程与方法	身体健康
	口语交际	情感态度	学习策略	科学、技术、社会与环境	综合探索	知识与技能	心理健康
	综合性问题		文化意识				社会适应

可以发现,各个学科的课程标准划分的维度不同,但也有相通之处,比如它们在强调各自学科的知识技能的同时还会强调情感态度和综合实践能力等。教师在对这些课程目标加以整理时,既要关注单个学科的目标,还要关注学科之间共同强调的目标,从而作为跨学科课程目标区分于分科课程目标的基础。

如上文所讲到的二年级下册的语文等与时间相关的课文,对应的课程目标可以整理如图2.7所示。由该图可以发现,语文的口语交际和综合性学习、数学的问题解

[①] 杨志成.论学校课程整合与课程体系建构的一般逻辑[J].课程·教材·教法,2016(8):55—59.

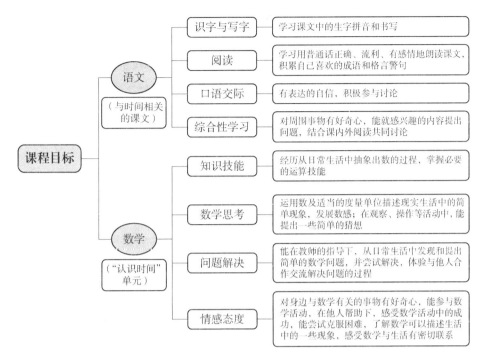

图 2.7 二年级相关课程目标

决和情感态度这四点是在跨学科课程中能够结合其他科目共同实现的目标。

再如,从学生生活兴趣点出发寻求主题的"礼物巧包装"一课中,在进行教学设计中的制定教学目标时从《义务教育数学课程标准(2011年版)》、《义务教育美术课程标准(2011年版)》和《义务教育语文课程标准(2011年版)》中整理出五年级所属学段中与该教学内容相关的教学目标,如表 2.3 所示。

表 2.3 五年级相关学科课程标准描述

学科	学段	描 述
数学	第二学段	知识技能:体验从具体情境中抽象出数的过程,掌握必要的运算技能;探索一些图形的形状、大小和位置关系,了解一些几何体和平面图形的基本特征;掌握测量、识图和画图的基本方法。 数学思考:初步形成数感和空间观念,感受符号和几何直观的作用;在观察、实验、猜想、验证等活动中,发展合情推理能力,能进行有条理的思考,能比较清楚地表达自己的思考过程与结果。

2. 目标先置——逆向设计思路

续表

学科	学段	描述
		问题解决：尝试从日常生活中发现并提出简单的数学问题，并运用一些知识加以解决；能探索分析和解决简单问题的有效方法，了解解决问题方法的多样性；经历与他人合作交流解决问题的过程，尝试解释自己的思考过程；能回顾解决问题的过程，初步判断结果的合理性。 情感态度：愿意主动参与数学学习活动；在他人的鼓励和引导下，体验克服困难、解决问题的过程，相信自己能够学好数学；在运用数学知识和方法解决问题的过程中，认识数学的价值；初步养成乐于思考、勇于质疑、言必有据等良好品质。
美术	第三学段	"造型·表现"学习领域：观察、认识与理解色彩等基本造型元素，运用对比等形式原理进行造型活动，增进想象力和创新意识。 "设计·应用"学习领域：逐步形成关注身边事物，善于发现问题和解决问题的智慧；养成勤于观察、敏于发现、严于计划、善于借鉴、精要制作的行为习惯和耐心细致、团结合作的工作态度，增强以设计和工艺改善环境与生活的愿望。 "综合·探索"学习领域：了解美术学科与其他学科的联系，逐步学会以议题为中心，将美术学科与其他学科融会贯通的方法，增强综合解决问题的能力。认识美术与生活之间的关系，进行探究性、综合性的美术活动，并以各种形式发表学习成果。
语文	第三学段	口语交际：乐于参与讨论，敢于发表自己的意见；表达有条理，语气语调适当；能根据对象和场合，稍作准备，作简单的发言。

2.2 明确大概念

明确教学目标仅仅通过对学科课程标准的整理是远远不够的。为了使教学设计更加完善和有效，必须牢牢把握教学的重点，运用一个抓手，将知识和技能进行整合，帮助学生实现有效的迁移，这个抓手便是"基于理解的教学设计"所强调的"大概念"。

"大概念"的字面意思很容易被误解为包含了很多内容的、庞大的，或是基础的概念，但其实它指的是教学的"核心"，就像一个使车轮固定在车轴上的车辖，将多个原本零散的事实、技能和经验进行关联和组织，从而促进学生连接不同的知识片段，强化思维，促进对教学内容的理解。大概念是指反映专家思维方式的概念、观念或论题，它具有生活价值。大概念有极大的迁移价值，随着时间的推移能被应用于许多其他的探究和问题情境，包括跨学科课程（水平方面）和同一学科多年以后的课程（垂直方面），以及学校以外的情境[①]。大概念是通过深入探究而得到的来之不易的结果，是各领域专家的思考和感知问题的方式。许多专家提出的大概念对于初学者来说是

---

① ［美］格兰特·威金斯，［美］杰伊·麦克泰格.追求理解的教学设计[M].闫寒冰，宋雪莲，赖平，译.上海：华东师范大学出版社，2017：76.

抽象的、违反直觉的,甚至是容易产生误解的,因此学生需要通过教师引导的探究学习和反思才能获得大概念,而这个大概念反过来又能使学生更加条理清晰地理解教学内容,从而将所学知识和技能灵活地应用和迁移到现实生活中。

当前课程教学领域也越来越关注到大概念在联系知识和促进迁移上的重要意义,将大概念作为教师教学的得力助手,对其精心设计,使其发挥"概念魔术贴"的作用。在跨学科课程中,大概念的作用更加不容忽视,一方面是因为跨学科课程比单科课程更容易陷入偏离教学重点、流于形式的误区,另一方面,跨学科课程强调突破学科之间的界限,促进学生运用所学知识和技能解决现实问题,这与大概念所指向的理解和迁移目的意义相通。

大概念可以以一个词、一个短语、一个句子或者一个问题等形式呈现。在明确大概念时,可以通过仔细研究课程标准,关注和参考课程标准中反复出现的相关词汇得出,还可以参考相关的可迁移概念列表。此外,对于跨学科课程设计,还有一个方法具有高度参考意义,也就是对所选主题提出多个问题进行思考,如:为什么要研究这个主题/内容?学生学习这个主题/内容有什么意义?什么是……技能或过程所暗示的大概念?关于……的"真实世界"的领悟是什么?[1] 等等。

对于跨学科课程而言,针对同一个课程,不同教师所提出的大概念可能有所不同,有些教师会针对课程中所涉及的不同学科的重点提出多个大概念,如"礼物巧包装"一课的大概念可以分为美术中的大概念和数学中的大概念,分别是"审美是能欣赏领会事物的美好"和"空间思维是运用几何和计算等数学知识对现实世界的物体进行构建";有些教师会针对课程提出整体的大概念,如"搭出营养 搭出健康——做明智的吃货"一课的大概念可以确定为"合理膳食是在了解各种食物的营养组成的基础上,通过科学计算与选择而得出的能满足人体营养需求的饮食搭配"。无论是哪一种提出方式,大概念的明确既需要联系相关内容和知识,又要体现其迁移到现实生活中的价值和意义。

2.3 构建"知、行、为"学习桥

林恩·埃里克森(Lynn Erickson)是著名的大概念教学专家,为更深入地阐述大概念的内涵要义,她比较了"知识的结构"和"过程(技能)的结构"——知识的结构是"事实"和"主题",过程的结构是"策略和技能",尽管两者在下端的学习有所区别,但

---

[1] [美]格兰特·威金斯,[美]杰伊·麦克泰格.追求理解的教学设计[M].闫寒冰,宋雪莲,赖平,译.上海:华东师范大学出版社,2017:82.

往上都是"概念、原理、概括、理论",也就是"大概念",如图2.8所示。她提出的三维模式则用概念性知识(理解)把事实性知识(知识)和程序性知识(技能)有效地组织起来,这样,就构成一个立体的三维模式,区别于以往不区分这三种知识类型的二维模式。三维模式用KUD来明确目标,分别是知道(Know)、理解(Understand)和做(Do),其中知道的是"事实",做的是"技能",而理解的是"概念",而KUD的核心是"U",只有"理解"了,才能"知道"和"做",如图2.9所示。

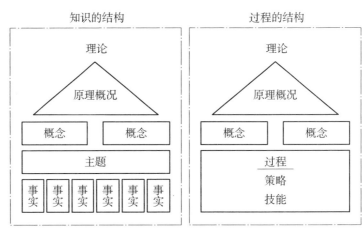

图2.8 知识的结构与过程的结构

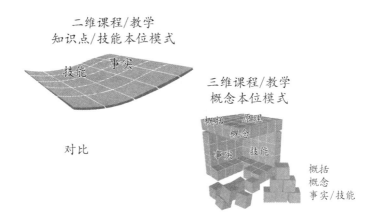

图2.9 二维课程模式与三维课程模式

基于对学科课程标准的整理,在大概念的引领下,结合埃里克森关于大概念、知识和过程的结构以及三维课程模式的KUD目标明确法,我们也采用了跨学科的"知、行、为"(Know/Do/Be)桥梁。"知、行、为"学习桥是加拿大的德雷克教授在与一

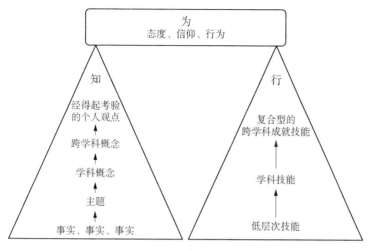

图 2.10 "知、行、为"学习桥

线教师进行课程目标的研究时所绘制的结构图①(如图 2.10 所示)。

德雷克和伯恩斯结合美国的课程标准诠释了这个模型。首先,"知"包含"事实"、"主题"、"概念"和"经得起考验的个人观点"这四个层次,它们是层层递进的关系。其中"事实"处于最低水平,如数学中对立体图形的描述和命名;而"主题"包括若干"事实",如"中世纪时代"、"绿色植物";"概念"分为"低层次概念"和"高层次概念",前者指学科内的概念,比如"光合作用(科学)"、"人物性格(语文)",而"高水平概念"是指跨学科的概念,即在各个学科中都存在的概念,根据德雷克的提炼,典型的跨学科概念有"维持性"、"平衡"、"原因/结果"、"模式"、"变化/连贯性"、"秩序"、"循环"、"冲突/合作"、"系统"、"相互联系/相互依赖"、"多样性"等。"经得起考验的个人观点"指的是那些我们常常所说的"经过岁月的磨砺,大多数课堂上学的知识已经还给老师了,但是似乎还剩下了什么"中"剩下的那些东西"。这些个人观点具有"抽象性"、"普遍性"和"跨学科性",和高层次概念十分接近。"知"的以上四个层次中关键的转折点在于"主题"向"概念"水平的转换,教师在设计主题单元时,为了提高"知"的层次,可以适当添加一个"概念焦点",比如"矿物燃料"主题可以增加一个"守恒"概念,"进化"主题可以增加一个"多元化"概念。第二,"行"包涵"低层次技能"、"学科技能"和"复合型的跨学科成就技能"这三个层级。其中"低层次技能"是指简单的模仿、复制等技能,"专门学科技能"要求学生积极投入创建,而不仅是简单的重复,"跨学科技能"指

---

① [加]Susan M. Drake,[美]Rebecca C. Burns.综合课程的开发[M].廖珊,黄晶慧,潘雯,译.北京:中国轻工业出版社,2007:53.

的是在跨越学科的界限和恢复现实生活的真实情境中强调的复合型技能与创造能力,如"信息管理"、"研究"、"批判性思维"、"沟通"和"问题解决"能力。第三,"为"是教育者可以根据教育观所确定的受教育者最重要的品质和态度。[①]

从结构图中可以看出,"知"和"行"共同为"为"提供支持,它们共同组成了一座课程目标的桥梁。"知、行、为"学习桥与我们当前所提到的核心素养密切相关,核心素养是对"我们要培养什么样的人?"的回答,而这个问题可以根据"知、行、为"这三维分为三个问题,即"学生们最想'知'的是哪些知识?"、"学生们最想'行'的是哪些事情?"、"我们想要学生成'为'哪种类型的人?"。"知、行、为"学习桥其实与课程的三维目标(知识与技能、过程与方法、情感态度与价值观)有类似和重叠的地方,但由于它关注到了跨学科概念和跨学科技能,因此在跨学科课程整合中具有独特的优势。

京都小学利用该学习桥,对课程的目标进行进一步的整理。在构建"知、行、为"学习桥时,教师们根据之前所整理的课程标准进行归类分析,填充了事实、学科概念、低层次技能、学科技能,并结合主题内容提取了跨学科概念和跨学科技能,最后挖掘出在课程中所暗含的、我们所希望培养学生形成的情感态度和价值观。

以"礼物巧包装"一课为例,在经过以上的相关课程标准整理后,可以对"知"、"行"、"为"三方面进行提炼,形成该课的教学目标,如表2.4所示。

表2.4 "礼物巧包装"教学目标分析

教学目标分析

知	知识点	1. 回忆色彩小知识,能够区分、辨认和评价同类色、邻近色和对比色。 2. 在平板的辅助下自学了解长方体的多种展开方式,对长方体与其展开图进行转换,指出对应的部分的面和边。 3. 理解多个物体的重叠面大小与表面积大小的关系。 4. 归纳总结长方体长宽高与包装纸规格和丝带长度的关系。
	学科概念	美术的色彩概念、数学的长方体相关概念。
	跨学科概念	理解多样性、相互联系的跨学科概念。
行	学科技能	1. 运用同类色、邻近色和对比色进行色彩搭配。(美) 2. 测量与记录数据。(数) 3. 计算包装纸的规格与丝带长度。(数) 4. 在卡片上进行表现、绘画、设计。(美)
	跨学科技能	1. 小组成员协调行动,展开礼物包装操作,并学会修正调整。 2. 学会时间管理、资源筛选、人际沟通、问题解决等跨学科技能。

---

① [加]Susan M. Drake,[美]Rebecca C. Burns.综合课程的开发[M].廖珊,黄晶慧,潘雯,译.北京:中国轻工业出版社,2007:33—53.

续表

	教学目标分析
为	1. 对动手实践充满兴趣。 2. 养成乐于思考、多角度思考问题的良好品质。 3. 在小组合作中提高分工协作、互帮互助、沟通交流的人际交往能力。 4. 在运用知识和方法解决问题的过程中认识到数学、美术和语文在生活中的价值和重要作用,感受学科与生活的联系。 5. 在互相分享交流中学会肯定和赞赏别人。 6. 在他人的鼓励和引导下,体验克服困难、解决问题的过程,相信自己。

在确定跨学科课程的教学目标后,还可以在课程目标和主题的基础上继续地毯式寻找与主题相关的其他教材内容,并构建一幅思维导图。思维导图主要是呈现该年级教材中与该主题相关并且有助于课程目标达成的科目内容,同时提炼出一条循序渐进的主线。

如上文中所讲到的二年级上册的"时间在哪里"这一主题,从语文所整理的课程目标——"积累自己喜欢的成语和格言警句",可以引申到"收集摘录时间格言"这个活动内容上;从语文和数学所共有的目标——"对周围事物有好奇心,能就感兴趣的内容提出问题,并尝试解决,体验与他人合作,交流解决问题的过程",可以引申到让学生合作,提出生活中与时间相关的问题并尝试解决该问题的活动;从"时间"这一跨学科概念出发,为了加强小学生对该概念的理解,增加学习的趣味性,还可以加入体育游戏"老狼老狼几点了",既锻炼幼儿下肢力量,又能提高听力和数数能力、反应能力。在对课程内容进行丰富后,用"感知时间——认识时间——珍惜时间"这一循序渐进的主线把这些内容加以贯穿,最后形成较为完整的思维导图(如图2.11所示)。

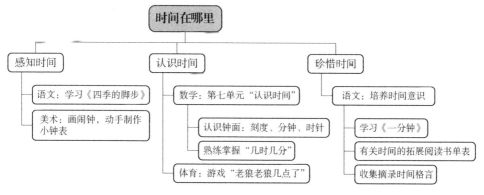

图 2.11 二年级跨学科课程"时间在哪里"思维导图

再如上文所讲到的四年级下册的"田园牧歌"这一主题,将音乐的"丰富情感体验,培养对生活的积极乐观态度"、"通过亲身参与演唱、演奏、编创等艺术实践活动,并适当模仿,积累感性经验"这两个目标和语文的"有感情地朗读课文"、"体会文章表达的思想感情"、"观察周围世界,能不拘形式地写下自己的见闻、感受和想象"这三个目标相结合,可以创建将音乐与语文相结合的活动,即运用音乐为语文《牧场之国》朗诵配乐,营造氛围,让学生体会田园风情,写作"我与田园"的体验;而数学中与田园相关的内容有"鸡兔同笼",可以以田园风情为背景,创设"鸡兔同笼"的趣味故事,让学生掌握列举法、作图法和假设法等解决问题的方法,达到"能探索分析和解决简单问题的有效方法,了解解决问题方法的多样性"、"经历与他人合作交流解决问题的过程,尝试解释自己的思考过程"等数学上的问题解决目标。在对课程内容进行丰富后,用"欣赏田园风光——体验田园风情——展示田园故事"这一由浅到深的主线加以贯穿,最后形成较为完整的思维导图(如图2.12所示)。

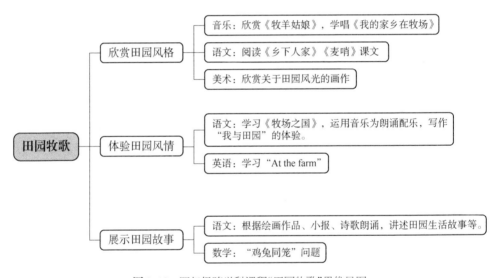

图2.12 四年级跨学科课程"田园牧歌"思维导图

可以发现,在构建思维导图的同时,既是在整理已有的课程内容和课程目标,也是在对课程内容和目标进行多种方式的补充,使得跨学科课程更加丰富。

「故事五」寻找教学目标的"宝石王冠"

来一堂数学绘本课

当要合作上一节跨学科整合课时,我俩几乎同一时间就锁定教学内容最好为数学绘本,主要融合语文和数学两个学科。一来我们接触的是低学段学生,绘本阅读对孩子的学习能力、兴趣提升作用举足轻重,语文课标中提出"语文课程设计应遵循语文教育的规律,努力提高语文素养","引导学生多读书、多积累,重视语文文字运用的实践",让孩子从一年级开始就接触绘本,爱上绘本;二来让孩子们学着阅读类型范围更广的绘本,不仅是文学生活类,还有数学科学绘本,通过阅读不同类型绘本,发现蕴藏其中的知识。数学课标提出"课程内容的选择要贴近学生的实际,有利于学生体验与理解、思考与探索",相信数学绘本恰好能给学生提供这样一个蓝本。

敲定内容后,我们阅读了不少数学方面的绘本,要求难度不能太大、内容如果能与教科书知识点有所对应就更好了……最终,我们敲定了教学内容——《寻找消失的宝石王冠》,尝试上一堂以数学为主的跨学科整合绘本阅读课。《寻找消失的宝石王冠》讲了国家博物馆丢失了一个珍贵的宝石王冠,大鼻子侦探通过王冠上异样的宝石排列规律发现端倪,并通过破译怪盗黑犀犀留下的一张张与规律相关密码纸条,找回真正的宝石王冠的故事。这本绘本的核心数学知识点为——找规律。知识点同时也是部编版数学一年级下册第9单元要求学生掌握的知识点。此外,这本绘本没有特别多的生字,还配有大量色彩丰富、生动有趣,与文本内容贴近的插画,特别适合一年级小朋友阅读。

更让我们惊喜的是,《寻找消失的宝石王冠》绘本本身就由一个个闯关环节构成,小朋友需要不断"找规律破案"才能进入下一个环节。因此,这本绘本可谓自然地创设了一个有趣的情景——帮助大鼻子侦探找回消失的宝石王冠。这对于整合课程来说无论在真实性问题情景设置还是在课堂教学目标设置上都能事半功倍,直接提供了"生动活泼的、主动的和富有个性的"学生学习可能,而我们则需要在细节处打磨,使它最终得以呈现:如何设置整堂课的教学目标,如何更优化地磨合教学目标和课堂教学环节,如何平衡语数道法等科目占整堂课的比例,如何让整合课更加生动有趣……

精细化教学目标

前期顺利的绘本选定让我们疏忽大意,我们急于开展教学,忽略了教学目标的设置,也没有去细究绘本跟普通课文的差别。第一次试课前,我们只是粗略地像平常上课一样备了课,基本上只是生动地"教师解读"了一遍绘本。当时,我们制定的课堂教学目标非常的粗糙:1.了解数学排列规律;2.学会阅读绘本,能从绘本封面提取关键信息。

第一次试课后,我们突然意识到不管什么课程,一堂课程的灵魂和核心就是教学目标。没有明确精细的目标设置就不会有一堂深入有实践意义的课程。换言之,我们的初衷是让孩子学会阅读数学绘本,不断提高数学绘本阅读能力和提高运用数基础知识点、问题解决的能力。然而备课时,我们的课程目标设置却没有认真考虑,而只是将其割裂为最简单粗暴的两条。这样的教学目标非常笼统,从而导致后期课堂上的学生能否达成目标、教学目标完成度如何我们完全无法考量。这样模糊的教学目标设计导致结果与一开始我们的设想背道而驰。事实上,在第一次的试教课堂上,大多数时间都在我们声情并茂的朗读绘本内容中度过。

课后,我和郭老师反思,由于备课时我们太注重自己的上课方式和教学过程,直接越过了教学目标的设置环节,才会导致这堂课呈现出"教师盖过学生"本末倒置的结果。尤其像这样的跨学科整合性课堂,最优的教学方式一定是让学生"在课堂中通过问题解决的参与,提高他们的认知,达成教学目标",我们一定要时刻把学生放在课堂的主要位置。语文课标中也指出"学生是学习的主体。语文课程必须根据学生身心发展和语文学习的特点,爱护学生的好奇心、求知欲,鼓励自主阅读、自由表达,充分激发他们的问题意识和进取精神",因此,我们首先必须要明确教学目标。

随后,我们更为细致地修改了这堂课的教学总目标,新的教学总目标为:1.尽可能多地自主寻找绘本封面提供的基本信息,猜测绘本故事大意;2.能够通过绘本中的插画或关键词句推测主人公思想情感,猜测故事发展,能够模仿主人公说话;3.读懂故事,能够通过故事掌握"规律"的基本概念,能够运用"规律"解决排列问题。

对应教学总目标,我们开始商讨每个教学环节的设置,学生要达成怎样的目标行为,精细化每个环节的教学评教要求,使教学目标能够真正指导教学过程,为后续教学活动服务。以"1.尽可能多地自主寻找绘本封面提供的基本信息,猜测绘本故事大意"为例,学生须学会从封面中提取绘本题目、作者、出版社、封面插画等基本信息,更进一步要求学生能够根据封面插画猜一猜绘本大意。因此,目标也分为两级教学评价要求:"基本教学评价要求为学生自主找出封面四个信息(书名:《寻找消失的宝石王冠》;绘本作者是(韩)崔香淑;出版社:湖南少年儿童出版社;插画内容:大侦探);提升教学评价要求为根据封面图片猜测绘本故事内容(绘本封面画着一位大侦探,可能与破案有关)。"

我们依次设计了对应总教学目标的教学评价要求:

表2.5 教学评价要求

学科	教学目标	教学评价要求	对应课标要求
语文	能够自主寻找绘本封面提供的基本信息	1. 从封面中提取四个基本信息:绘本题目、作者、出版社、封面插画 2. 根据封面插画猜测绘本故事内容	语文 (第一学段)阅读: 结合上下文和生活实际了解课文中词句的意思,在阅读中积累词语。(借助读物中的图画阅读)

续 表

学科	教学目标	教学评价要求	对应课标要求
语文	利用插画、根据故事情节推测故事发展	通过雕像的位置来判断纸条会藏在哪里,解决怪盗黑星星的规律问题	数学 (第一学段) 数学思考: 1. 在观察、操作等活动中,能提出一些简单的猜想。 2. 会独立思考问题,表达自己的想法。 解决问题: 3. 能在教师的指导下,从日常生活中发现和提出简单的数学问题,并尝试解决。 4. 体验与他人合作交流解决问题的过程。 情感态度: 5. 了解数学可以描述生活中的一些现象,感受数学与生活有密切联系。
语文	能够读懂语段中的特殊词、句,有感情地朗读句子	有感情地读一读"小助手被吓了一跳,惊讶地问:'你说王冠是假的?不会吧!为什么呢?'"、"啊,是真正的宝石王冠!"	
数学	通过一系列的观察,用简单的数学语言概括宝石排列规律	看懂向导手册里的相关内容,能够用一句话总结宝石排列规律,并加以运用:说一说接下来该怎么排列	
数学	能运用规律进行简单的推理判断	验证假王冠(找出其中的错误排列)能指出问题点并能说清楚验证过程	
数学	借助线索纸条上的信息自主发现规律并运用规律解决实际问题	能够发现并说清楚对应规律,能借助规律解决实际问题	
道德与法治	与生活实际相联系由颜色进行合理联想	能够从颜色进行合理联想到生活中常见的"红绿灯"并能分享自己的知识见闻	
美术	能在生活中主动运用"规律"	绘画创作美观且有规律的宝石王冠	

整合各科教学目标

通过认真地研磨教学目标,第二次试课我和小郭总算将课堂归还了大部分给学生。但试课后,我们发现教学目标还需要进一步改进。

如每一次破译怪盗黑星星规律纸条,学生的反馈都是集体回答,可能过于单一,于是我们添加了小组讨论环节,并安排了纸和笔,让学生动手来破译密码。课堂上,虽然提升了学生的参与度,但因为更加关注于"听故事"而忽视了语文文字本身。于是在后期我将"盖蜗牛房子,大家一起来,逐渐变大,逐渐变大,嗨哟,嗨哟,五颜六色,五颜六色,盖蜗牛房子,美丽又圣洁"这段文字改编为童谣,让学生需要集体唱出这首童谣,破解童谣中的文字密码,才能进入下一步的环节。这样不断丰富了一个个教学目标细节,让整个课堂都不断通过目标指导"评价"学生。整个课堂通过闯关形式,学生感觉新奇,乐在其中,几次试课学生都热情高涨,参与度非常高。

整本数学绘本的知识点核心是"规律",学生大大小小的目标评价也不少,不同学科的目标指向找出最终规律层层递进,最终找回丢失宝石王冠。这符合数学课标中对学生"推理能力"的培养要求,包括"合情推理:从已有的事实出发,凭借经验和直觉,通过归纳和类比等推断某些结果"。但总目标来看,学生似乎还是欠缺了一点"综合运用",能否在生活中运用核心"规律"。于是在课堂最后,我们设计了最后一个评价目标,一个综合性运用的评价,以此来判断学生是否真正通过这堂绘本阅读课掌握了"规律"。即让学生小组合作创作有规律排列的宝石王冠,需要学生非常熟练地掌握"规律"知识点,方能通过合作绘画表达出来。

最终,我们设计了《寻找消失的宝石王冠》教学目标:

1. 自主寻找绘本封面提供的基本信息(绘本题目、作者、出版社、封面插画),根据封面插画猜测绘本故事梗概。

2. 通过绘本中的插画(封面侦探、雕像位置、博物馆主神情严肃)及关键词句(惊讶、惊喜)体会主人公思想情感;利用关键词句(逐渐变大、五颜六色)推理信息、推动故事发展;模仿主人公说话("你说王冠是假的?不会吧!为什么呢?"、"啊,是真正的宝石王冠!")。

3. 说出图形排列的"规律"(图形按一定顺序重复出现)。

4. 运用"规律"概念。能发现博物馆的宝石王冠是假的:王冠上宝石排列规律有问题;依次破解怪盗黑星星留下的三张纸条线索(运用规律消除炸弹、运用规律找到正确的道路、运用规律打开保险箱大门);运用规律验证宝石王冠真伪。

5. 实践运用。说出生活中红绿灯闪灯规律;说出生活中你发现的"规律";小组合作画一个有规律的"宝石王冠"。

最终,我们的这堂跨学科整合课教学结果令人惊喜,一组组同学都画出了异常美丽有规律的宝石王冠!通过绘本的阅读、闯关的破解、绘本插图的解读猜测、情感人物的体验,他们更加热爱绘本、热爱数学、热爱阅读了!而我们,也通过这样曲折来回的教学目标的设置和反复修正,找到了我们的教学目标设计的真正宝石王冠!

(杭州市京都小学　钱慧凝　郭倩玉)

「故事六」动动手指,玩转课堂——勤思敏搭,互动在线

在以往的分科教学中,时常存在"为知识而知识,为技能而技能"的倾向,无法使知识真正转化为学生的核心素养。而跨学科整合学习则打破了学科壁垒,让学习成为一个围绕真实问题回答、解决和处理的过程。

"礼物巧包装"这一主题是在我校跨学科领头人洪俊校长和浙大教育学院专家的指导下经过反复的研究讨论确立的。我们在国家教材中找到了相应学段教学内容的

立足点,第三学段中美术"色彩搭配"以及数学"立方体表面积"。那么如何才能将它们整合后让学生有效地完成学习,帮助他们在真实合理的情境中解决真实的问题呢?刚开始我没有太多的设想,只想着循着教学目标,先按部就班地设置出每一个教学环节就可以了。我一边修改着教案,一边搜索着典型的图片资料,然后将它们插入PPT。我并没有太高的希望,从无到有从来不是一蹴而就的。所以,一个个生硬呆板的教学活动终于在那个沉默的夜晚诞生了。

在第一次试教课上,学生对色彩知识的理解主要是通过图片来获得。大家收到了一份"礼物",是一张包装精美的礼盒图片,而学生对色彩搭配基本方法学习和色彩与受众关系的认识也主要经由图片欣赏、讨论探究来实现。单一的形式,使美术在这堂跨学科课中显得非常寡淡,更别提情境的真实性了。试教之后,我开始在脑海里仔细地回忆课堂的每一个过程。在真实的生活中,我想要的会是一张图片"礼物"吗?色彩搭配,只是口头说说不就沦为了空谈?我们最终不是要让学生去动手实践吗?那么,我是不是应该设置一个真实小练"手"的环节呢?我不断地反思着,也渐渐地清晰了如何围绕目标去设计整个教学过程。

于是在第二次试教的课堂上,我以即将到来的母亲节为问题情境,在出示包装精美的实物礼盒后,用两个问题引发学生的思考,开启了礼物包装中解决色彩搭配这个真实性的问题。接着,在小组讨论解决了色彩知识的基本认识后,学生被邀请亲自动手参与到包装"你来选"和"帮我搭"两个活动中。大家通过我事先准备好的、各色包装的礼盒、丝带以及造型各异的卡片,进行了一场真实的搭配体验,在动手尝试中,实现了从"知"到"行"的转化,学习了色彩搭配这一关键知识点。

随后,在礼盒包装纸计算的学习中,数学黄老师也同样关注思维与手"搭"的配合。四包一模一样大小的纸巾,学生们可以以小组为单位,在讨论送谁什么礼物后,拼搭出不同的长方体礼盒外形。不同的组合方式所需的材料大小不同,就需要大家运用数学知识进行灵活的测量和计算,从而使学生建立起多角度思考解决问题的良好意识。

为了创造真实的场景,我们还设置了礼品店柜台,身兼美术老师和"商店老板娘"的我忙得不亦乐乎,好不热闹。各个小组的成员们在"你来量我来算"、"你来买我来包"等活动体验中学习了美术+数学的知识,通过合作感受到学科的互通,体会分享的乐趣,培养了人际交往与语言表达能力。

在调整后的整个课堂学习中,真实的情境成为问题解决的助推力,思考讨论与动手实践使整个学习过程成为一场持续的互动。

跨学科整合、项目式学习已经成为当下教育培养学生综合素养的必然趋势。在"礼物巧包装"一课的整个学习过程的设计中,我们始终在思考如何以更合适的方式设计、组织教学活动,引导学生更好地理解问题、解决问题。在这堂课中,我们从真实的情境出发,在模拟和现实两个层面,调动学生积极参与,在动动手指中完成了一次愉快的学习,也让我们再次思考现代技术与传统教学的结合在课堂教学中的价值。

对我这名才入职两年的新教师而言,这更是一次特别的学习体验,只因为有了一次次磨课的机会,我才得到许多珍贵而有用的建议,促使我思考和调整。回想起小学时候的自己,每次最开心的还是在常识课上或去科技馆时,因为可以动手来玩,因为玩的内容与我们真实的生活相关,哪怕动作很简单,我也觉得比长时间的听课强多了。玩是每个孩子的天性,而手指这是每个人出生时探索周遭的最初方式,充分发挥手指力量,让我们的课堂始终与孩子互动。

(杭州市京都小学 李智佳)

「故事七」跨学科统整,落实大概念——我们在路上

懵懂上路

2015年3月,浙大刘徽教授来校指导我们设计跨学科课程。一开始完全是一头雾水,刘教授给我们课题组成员作了好几次讲座,从理论的层面讲解了跨学科的概念以及重要性,懵懵懂懂觉得是那么回事。后来经过一个月不停地讨论,不停地头脑风暴,渐渐理清了思路。有些知识点各门学科都会涉及,但是因为大家都只关注自己所教学科,导致有的知识点是重复讲解,确实有必要跨学科整合一下,算是从理论上认同了跨学科课程改革这件事情。

为了让我们能更有效地去设计课程,刘教授和研究生们给我们设计了一个课程框架。学校决定在我们班开展为期一周的跨学科课程改革实验,全程录像。虽然理论上有了一定的认知,真的要实操毫无把握,心中非常惶恐,生怕搞砸了。

写第一稿的时候糊里糊涂,感觉是凑内容,为了填满框架而已。为了让我们的课程实施更有效,刘教授和研究生们召集年级组参加实验的各科老师,一次次面对面交流,一次次修改教案,以增强我们的目标意识。我们慢慢地明白了知、行、为三个维度的目标怎么确定,怎么去描述,教学过程中怎么仅仅围绕这三个维度的目标去设计教学内容。跨学科课程设计的意图在于打通学科与学生生活,学以致用,在互相探讨和启发之下,我们非常努力地做到了,特别感谢团队的力量。

摸爬前进

磕磕绊绊中,我们班主题为"运河文化"的跨学科主题学习周开始了。

第一天第一节课,我有个任务:花十分钟讲一讲这周课的安排,跨学科课程改革

的目的、好处以及孩子们需要做哪些准备,好让他们做到心中有数。虽然五一假期我做了充分的准备,但是一到课堂上,看到教室里坐满了浙大的专家,两台摄像机也赫然立在后面,一下就懵圈了,竟然把准备的内容全部忘了,糊里糊涂讲了一段话。开始上课了,屋漏偏逢连夜雨,拷了课件的U盘找不到了,只得根据自己的印象上下去。因为设计的方式跟平常出入较大,加之心中忐忑,真的是硬着头皮上完了两节语文课。洪俊校长对我的评价是有失水准,上成了四不像,当时我心里特别难受,感觉"无颜见江东父老"。当天晚上,我认真做了反思:这次课程实验是要注意渗透跨学科的概念,要注意联系学生的生活实际,能激发学生把知识点运用于生活。我今天上的《威尼斯的小艇》,在设计时主要考虑的是相互联系这个概念,威尼斯是个水城,由此影响到威尼斯的重要交通工具就是小艇,小艇的外观也很特殊,船夫的驾驶技术特别好,人们的生活方式也因水城而与别处不同。要让学生明白一个地方的环境会影响人们的生活方式,指导学生以后去旅游的时候,可以有意识地观察一下因环境不同,当地人的生活方式有什么独特之处。由于定的教学内容比较多,给学生思考的时间不够充足,又想落实跨学科概念,东打一耙,西打一耙,内容上得不够扎实,有些知识点没有讲明白,孩子们有些茫然,效果就肯定不咋样了。

对!我应该更关注孩子们的学习情况,而不能把重点落到学科内容的单纯整合。第二天,我花了一节课时间指导孩子写收获卡。虽然我自己觉得前一天的课上得效果并不好,但是我惊喜地发现一部分学生意识到了环境会影响人们的生活方式,表示以后出去旅游的时候会特别关注,这也算是意外的收获,心里开始有点小激动。

孩子们印象深刻的是当天的科学课,有个孩子是这样写的:今天的科学课,科学老师让我们在教室里刷牙,太有趣了。我刷牙的时候没有关水龙头,水哗哗地流了一脸盆,实在太浪费了,以前从来都没有关过。我以后刷牙的时候一定要把水龙头关紧,也要提醒爸爸养成这个好习惯。这样的体验式的学习,让孩子打心底认识到节约用水的重要性,达到指导生活的目的。

于是,我吸取了前一天的教训,大刀阔斧砍掉了很多内容,就截取了一个点——仿造威尼斯小船的写作特点,写一写西湖里的画舫。目标明确,切口小,指导细致,学生落笔的时候就知道怎么写了。

上完课我立刻写了反思:今天先总结了威尼斯的小艇是作者把小艇比作了我们比较熟悉的事物,先后比作独木舟、新月和水蛇,让读者很快就了解了小艇的特点。引导学生用这样的方法介绍杭州的画舫——"茖桡"号。学生把这艘画舫比作金光闪闪的巨龙,又把船舱比作两座宽敞舒适的小宫殿,很好地抓住了画舫的特点,做到了学以致用。

2. 目标先置——逆向设计思路

第一天,让学生想象乘坐威尼斯的小艇,想象两岸的风光,学生无话可说。今天,我让学生想象着自己乘着"荃桡"号游览运河,看到了怎样的景象。学生结合自己的生活实际,很快就想到了晨练的老人,玩耍的孩子,两岸的树、花、鸟……生活经验一下子被调动起来,很好地把人的活动和运河的景观结合起来写了(很好地落实了想象、相互联系这两个学科概念)。也明白了以后出去游玩的时候,新鲜的事物可以运用把它比作人们所熟悉的事物的方法,写出该事物的特点,景观和人们的活动结合着写,文章会更有情趣。

　　实验进入第三天,我主要指导孩子怎么给照片配上有趣的文字。先是让学生欣赏自己拍的照片,学生一边津津有味地欣赏,照片被选中的孩子还非常自豪。我先后选了柳树、杜鹃、运河游船这三幅照片,指导孩子可以抓住外形、色彩、动作以及自己的感受来写。为了指导学生较好地掌握这个方法,讲得比较细致,组内交流的时间也比较长,反馈点评也花了较多时间,课堂上没有时间写了(这里体现了观察、想象、表达、合作的跨学科概念)。课后花了10分钟时间写,学生写出来的作品比较丰富,并告诉学生以后上传QQ图片,微信晒照片,都可以用上这个方法。有学生在收获卡上写道:"以后QQ上传的图片,用上这个方法,应该会很火爆。"

　　第四天,我和美术老师合作上课,走出校园来到运河边赏景、写生,这两件事对很多孩子来说都是第一次,非常兴奋。我先提醒孩子们要用上看、摸、闻、抱等观察方法,美术老师也来讲了写生的方法。接着,我们来到学校屋顶花园俯视运河,又走出校园来到运河边近距离欣赏运河风光。学生东看看、西摸摸,不时互相交流一下,眼中充满了新奇的感觉。观察完毕,我们坐在视野开阔的"映月桥"上,一边静静观察,一边画。第三节课回教室写文章,学生奋笔疾书,直至下课铃声打响,很多孩子还在奋笔疾书,说还有很多话要写,怕等会儿灵感消失(体现了想象、表达、合作、创新的跨学科概念)。平常写作,总有些孩子不知所措,这样的教学活动,很好地激发了学生的创作灵感,大家都有话可写,富有真情实感,可以真正提高孩子的习作能力。学生也真真切切地体会到:调动各种感官,细致观察,就能下笔如有神。

　　第五天,是一周学习成果汇报。孩子们拿出了有关运河的作文、图画、宣传画等,收获满满。五年级语文、数学、科学、外语、音乐、体育、美术等国家教材中相关知识整合后的跨学科课程达成预期目标,圆满完成。

(杭州市京都小学　陈春英)

「故事八」依托大概念,促进学生的系统学习

　　大概念理念渗透下的教学方式可以引领学生实现一个趋于核心概念的进展

过程,有助于学生建构一个蛛网式的,具有关联性、发散性的知识领域。在这个系统中,学生能够接触与思考以核心概念为内核的、更为宽泛的学科知识体系,从而帮助学生举一反三、触类旁通。让学生身处完整与全面的体系中学习,能促进学生整体思维能力的形成,这样的教学方式可以促进学生更广泛、更高效地吸纳知识。

教学中如何避免知识的碎片化与零散化?教师有意识地依托大概念,为学生建构完整的学科知识体系是一项有效的措施。所以教师在教学过程中,要有意识地帮助学生去进行横向的知识关联,而非就内容论内容、就现象论现象,更不能就知识论知识,而是要统筹教材、关联内容、勾连内涵、追寻本质。以教科版小学科学三年级上册《蚯蚓》对比教学的片段为例:

传统教学:

师:同学们,翻开土壤,大家都发现土壤中生活着哪些小动物?

生:蚯蚓、蚂蚁、屎壳郎、蜗牛……

师:同学们很仔细,下面让我们来观察观察这些小动物都有什么特点呢?

大概念教学:

师:同学们,翻开土壤,大家都发现土壤中生活着哪些小动物?

生:蚯蚓、蚂蚁、屎壳郎、蜗牛……

师:同学们很仔细,那我们先来看看蚯蚓,大家觉得它能够长时间离开土壤生活吗?为什么?

生:不能,它需要湿润的环境,还要充足的氧气、舒适的温度和足够的食物……

师:那你们找到的其他动物是不是也和蚯蚓一样需要这样的环境才能生活?

生:蜗牛也是这样。

师:那蚯蚓、蜗牛等为什么需要这样的生存环境呢?(引导学生发现生物体需要长时间进化以形成特定的功能)

案例中的传统教学方式仅仅是围绕现象谈现象,而大概念教学方式是引导学生通过某一现象去关联其他相关内容,寻找事物的共通点,理解一些涉及物体、现象以及它们在自然界中的相互关系,从生物的现象到特点,再到生物的进化,实现现象背后的本质挖掘。

大概念的提出从各个方面指导了教育的进行,针对当代的教育提出许多实质性的意见和观点。讲究教育的学习内容应当少一点,深一点,教师在教育过程中应当把学习组织为趋向大概念的、连续的、有联系的。首先,在内容上,教师向学生讲授的知识不是一些独立的,没有联系和不成系统的知识定理,应当围绕科学领域形成有结构有联系的核心概念和模型。其次,就学习方法而言,不单单是探究,还强调学习过程的不可分割与循序渐进,从基础学习不断加深,形成不可分割、不断上升的建构过程,学会透过现象看本质,培养学生自行寻找解决问题的途径和能力,由易到难,由浅入深,逐步成长。

(杭州市京都小学　莫春燕)

3. 评价设计——发展学生能力

3.1 设计表现性任务 / 63
3.2 制定评价准则 / 65
3.3 评价设计的案例 / 65
　　「故事九」跨学科整合课中评价结果的思考 / 67
　　「故事十」跨学科整合：一段寻觅评价设计的旅程 / 69

根据逆向设计思路,在确定预期的学习目标之后紧接着需要确定的是评估证据。威金斯和麦克泰格建议教师像"评估员一样思考",站在评估员的角度而不是活动设计者的角度,前者的思路是"目标→证据→活动",紧紧围绕着目标开展,而后者的思路是"活动→证据→目标",容易偏航。正如威金斯和麦克泰格所说"有效的评估不是一张快照,更像是收集了纪念品和图片的剪贴簿",有一个"评估的连续系统",可以包含规模从简单到复杂、时间范围从短期到长期、框架从高度结构化到非结构化的多种评估方式。

3.1 设计表现性任务

在跨学科统整中,表现性任务应该是评估的首选方式。一般来说,表现性任务都是真实的,包含三个特点。第一,具有现实的意义,也就是说表现性任务往往真实存在于日常的工作和生活中,解决这个任务会带来成就感;第二,具有复杂的情境脉络,不同于简化的练习题,表现性任务往往根植于混乱的环境中,各种因素在相互作用并不断发生变化,存在许多干扰的因素;第三,具有开放的学习环境,表现性任务往往是在一个资源开放的环境中展开的,不同于闭卷测试,学生可以自由地获取各种资料,也可以在任务完成过程中主动获取反馈来改进,甚至可以对任务本身进行适当修改,从而更符合情境中"客户"的要求。

关于表现性任务的设计,威金斯和麦克泰格所提出的GRASPS模型有较大的参考意义。

G——目标(Goal),具体的目标或任务是什么,可能的困难是什么?

R——角色(Role),学生在任务中担任的角色是什么,有什么职责?

A——对象(Audience),学生的委托方、客户或服务对象是谁?

S——情境(Situation),学生面对的具体情境是什么?

P——表现/产品(Performance/Product),学生最后需要交付的是什么产品或成果?

S——标准(Standards),最后检验这个产品或成果是否有效的指标是什么?

表现性评价方法是多种多样的,日本教育家西冈加名惠教授和田中耕治教授曾经整理过一张评价方法的分类图,如图2.13所示。从中可以发现,表现性评价中

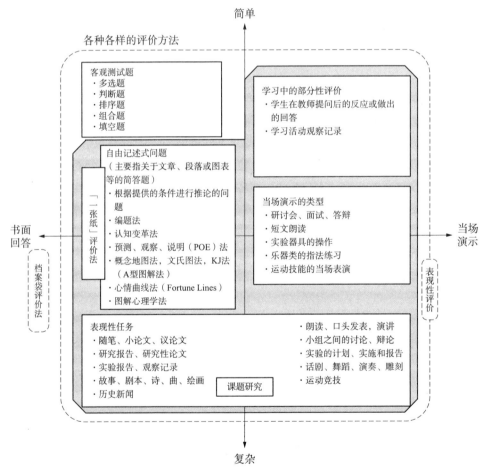

图2.13 评价方法分类图

"报告"(包括实验报告、研究执行等等)的占比是很大的,这是因为现实世界中报告也是最常用的,而无论是书面报告还是口头报告,都比测试更加有助于学生内化、理解、整合和应用知识,发展解决真实问题的能力。当然,在其他对于知识和技能进行考察的评价方法也有助于支撑理解和迁移,因此在表现性任务中也可以适当地进行运用。

因此,在确定跨学科课程的内容、课程目标和形成思维导图之后,最重要的就是要基于目标,从课程的整体效果出发,设计综合性的评估方式和活动,如辩论、研讨、演出、展览、设计作品等。评估的方式可以采取一种或多种,但都要体现"知、行、为"学习桥和教学目标,以便在课程结束后判断学生是否在预期目标上有所进展,从而确保整合后的跨学科课程发挥培养学生的综合能力、学科素养和跨学科素养、激发兴趣、调动生活体验等整体效果。

3.2 制定评价准则

评价准则的制定既是表现性评价的重点,同时也是难点。作为复杂性任务,评价准则常常是没有固定的单一答案的,事实上它要经历一个自下而上的过程,首先是收集学生的作品,进而对学生的作品进行归类,归纳出同一水平等级作品中的特征。其中对学生的作品进行归类是关键,需要有3位以上的教师参与,由这些教师分别归类打分,然后汇总,讨论那些有差异的作品,当参与学生比较多时,可以抽一部分样卷来制定评分准则,制定好后再对其他的作品进行评价,在其他作品的评价过程中也可以对评分准则进行进一步的补充。不难发现,评价准则的讨论和确定过程就是教师校本研修的过程。当然在开始评价准则的制定之前,教师可以参照相关已有的评价标准,但不能套用现成的,因为只有教师们经历了制定的这个过程,才能像专家一样思考,对内容和学生才有更深的理解。在评价准则中,可以根据表现性任务对学生能力的评价进行分类,如概念性知识、程序性知识、推论与学习策略、交流能力和合作能力等。

3.3 评价设计的案例

以"礼物巧包装"一课为例,基于该课的教学目标,可以设计小组合作任务和小组展示作为该课的评估活动,具体的教学评价活动、方式、标准如表2.6所示。在小组合作任务环节中,学生需要以4人小组为单位,分工进行测量和记录数据,计算所需包装纸的规格并从"商店"所给的6种规格中挑选,计算丝带长度,到"商店"挑选合适颜色和规格的包装纸和丝带以及剪裁卡片绘画和写祝福词等。在小组展示环节中,各小组代表要对本小组的颜色搭配、创新点、赠送对象进行介绍,小组互评以及教师点评。可以发现,这样的综合评估活动一方面是发挥学生学习主体性的环节,学生在其中能够充分动手动脑,整合数学、美术、语文相关知识进行应用和创造,另一方面又是教师判断学生在知识点、学科概念、跨学科概念、学科技能、跨学科技能、情感态度等预期目标上是否有所进展以及进展程度如何的评估环节。

表 2.6 "礼物巧包装"课程教学评价分析

教学评价分析	
评价活动	学生小组派代表上台展示并介绍小组的礼物包装成品
评价方式	1. 教师点评 2. 学生互评
评价标准	1. 礼物包装成品美观大方、包装精致。 2. 能巧妙地应用同类色、邻近色和对比色对礼物的包装纸、彩带、卡片和装饰进行搭配。 3. 能通过测量记录长方体的相关数据并展开计算,得到合适的包装纸和彩带的规格。 4. 小组展示过程中能清晰表达小组成员的观点,有条理地介绍过程和成品。

再如上文中所讲到的二年级上册的"时间在哪里"这一跨学科课程,美术课"小闹钟"所对应的课程目标是"认识几何形体和其他各种形状的物体"、"设计出各种形状的钟面,初步学习运用绘画与拼贴的形式来表现"、"培养学生敢于创造、勇于探索的学习精神";数学课"认识时间"对应的课程目标是"正确读写钟面时刻,了解时间单位"、"通过观察、操作、思考、讨论等活动初步培养学生的探索意识"、"培养学生建立时间观念,珍惜时间"。将这两个课程内容结合起来,最后的评估活动设计为"美数结合",即学生个人运用绘画和拼贴的形式设计钟表。由于在钟表设计过程中需要有钟面的设计,这个活动过程既可以评估学生在美术上的设计应用能力,又能检验学生对数学钟面时刻的掌握情况。此外,若学生设计出的钟表指针是能够拨动的,还可以在展示作品的环节里由教师或学生拨动指针,测验全部同学对"正确读写钟面时刻"的掌握情况。此外,对于最高层级的"为",在该课程中主要是培养学生珍惜时间的品质,在评估活动中可以以语文的口语交际和写话为依托,让学生在阅读有关时间的拓展书籍、收集摘录相关的时间格言后以小组为单位进行交流分享,同时教师还能让学生制作时间表"我的一天",相互交流,使学生在今后的生活中更加具有时间观念,珍惜时间。

总之,在设计综合性评估活动时,要以"知、行、为"学习桥为目标导向,尽量着眼于学科之间的内容和目标的联系,设计融合两个或两个以上科目的评估活动。这些评估活动既可以放在跨学科课程的实施过程中,也可以放在教学结束后的创造应用和展示环节。

此外，由于跨学科课程和教学最大的优势在于能够建立学科之间、学科与生活之间的联系，激发学生的兴趣，在此过程中师生的教学体验也是非常值得关注的。正如Drake所说，"关注师生在跨学科教学中的体验并作出评估是非常必要的"，因此在跨学科课程的评估过程中，既要评估课程目标的达成情况，还应该评估师生在课程中的体验。京都小学在每一轮的教学实验后都会收集授课教师的反思和学生的课程感想体会。通过这样的评估，了解跨学科课程教学的优势和不足，并予以改进，从而在教学实验中不断促进课程设计与教学设计的优化。

「故事九」跨学科整合课中评价结果的思考

近日，STEAM课程风靡了整个教育界，为了提高教师的综合素养、更新教育理念，在洪俊校长的带领下，我校依托学校省规立项课题"多元·融合·创新——基于水文化引领的跨学科课程体系建构研究"，也开展了跨学科整合课程的探究活动。作为新教师的我和王佳男老师也积极参与课题研究，合作设计了一节科学、英语的跨学科整合课。

作为一种新兴的教育模式，跨学科整合课程对我们而言是陌生的，并且没有多少先例可以让我们借鉴，所以整个设计过程可以说是摸着石头过河，是一个漫长、纠结的过程。为了更好地完成这次探究，我们专门阅读了大量关于跨学科整合课程的资料，结合学生已有的知识水平和在生活中遇到的实际问题，我们很快就决定了主题"风向"，但问题从这里才算开始。

我们设计的教学内容是用英语来表达东、南、西、北四个风向，并且可以在自己制作的简易风向标上标注，这是四年级上册的科学和四年级下册的英语的结合。一开始我们想当然地以为，评价结果理所当然应该是把这两节课的评价结果相加，便各自完成了自己学科的部分，最后汇总一下可以了。但是跟导师一汇报就被否定了。导师说，虽然这两节课各自都有自己的评价标准，但跨学科整合课程的评价标准绝不是两个科目的叠加，而是应该找到这节课自己的评价标准，或者把两个学科的评价标准有机结合起来，不然就很难判断这到底是一节跨学科整合课程还是一次单学科团队合作。导师的建议给了我们当头一棒，看来评价标准不是那么容易制定的啊。

之后的一周，我们多次修改了评价标准，但正因为STEAM教学侧重于培养学习者解决实际问题的能力，想要寻找一个让所有学科都"满意"的平衡点是十分困难的。经过长时间的思考，我们决定尝试"广域课程模式"，消除学科间的界限，不再单独强调科学或英语的评价，而是在最后以"学生是否能通过自制的有中英文标注方向的风向标来判断当时的风向"作为评价标准。

导师认可了我们这一评价标准，但同时也指出，这样的评价标准依然是不全面的,作为新时代的教育模式,评价过程要改变以往单一的评价方式,并不是只有总结性评价,还要强调多元评价主体、形成性评价、面向学习过程的评价,由学生本人、同伴、教师对学生学习过程的态度、兴趣、参与程度、任务完成情况以及学习过程中形成的作品等进行评估。为了在教学活动过程中更好地达到教学目标,这要求我们需要在教学过程中不断进行形成性评价,以把握学生最新的学习情况,了解阶段性的教学成果和存在问题,及时对教学实施方案进行修改、完善。

在读了相关书籍后,我们清醒地认识到,是形成性评价会影响我们接下去的教学,总结性评价甚至从一开始就在影响教学设计,最好的设计应该是"以终为始",从学习结果开始逆向思考,这就要求教师在考虑如何开展教学活动之前,先要思考学习要达到的目标是什么,通过什么来证明学习目标的达成,只有先关注期望,然后才有可能产生适合教学行为,也就是说,如何科学评价学习目标会直接影响教学设计。

"制作一个风向标"是作为项目学习贯穿的主线和驱动力,学生在完成作品的过程中进行讨论、设计、观察等学习活动,并解决问题,从而获得知识和技能。"风向标"制作是学习的重点,但更为重要的是学生在制作"风向标"过程中获得跨学科的知识和技能,并获得创造性运用知识的社会性能力。所以在实验过程中,必须了解学生是否及时掌握了以下几点知识和技能:

1. 了解"风向"是指风吹来的方向。
2. 了解风向标箭头所指的方向就是风向。
3. 掌握"东、南、西、北"的英语表达和书写。
4. 在教师指导后,可以正确制作一个简易风向标。

最终可以用自己制作的风向标来判断此刻的风向,不仅适用于中国人,也可以让不懂中文的外国人借助它来判断风向。

经过反复磨课,在导师的帮助下,我们最终完成了评价结果的制定,通过使用量表、行为观察和知识测验等形式完成形成性评价,"是否能通过自制的有中英文标注方向的风向标来判断当时的风向"作为总结性评价,为了保持学生的探究热情,在实验最后还由我们拍摄下学生的作品,由学生自主投票,选出最好的作品。

表2.7　风向标制作评价量规

项目＼星级	★	★★	★★★
测量和记录	没有采取有效的测量和记录	进行了测量和记录,有一些误差	测量和记录较为严谨,内容详实工整
指针灵敏度	灵敏度不够,实验失败,没能随风转动	实验成功,能随风转动	实验成功,灵敏度最高

续表

项目 \ 星级	★	★★	★★★
英语对应是否准确	不准确	较好地使用英文,但有大小写或拼写错误	准确
组内分工合作	由少数组员完成所有工作	所有组员都参加工作,但分工不是很明确	分工合理,合作顺畅

经过对作品的检验,绝大多数的同学都可以按要求完成风向标。在制作过程中,我和王佳男老师发现他们对"风向"、"英语表达"方面的掌握都比较好,通过这些知识的应用,制作的风向标也很符合科学的概念,在成功测试了即时的风向后,学生对科学测量、观察大自然都产生了极大的兴趣。

作为一名新教师,第一次尝试这样的跨学科整合课肯定会出现很多不成熟的地方,但经过这次跨学科整合的探究,我和王佳男老师都有不小的收获,尤其是对如何设计评价结果有了更深的认识和思考。相信通过不断的实践和研究,我们会做得越来越好。

(杭州市京都小学 王洋)

[故事十]跨学科整合:一段寻觅评价设计的旅程

题记

一次参加下城区品德教研活动,对区品德教研员徐园老师讲到的品德课程"真实体验"这一观点感触颇深。真者,精诚之至也。徐老师讲到教学设计应做到"上接天气,下接地气,精准把握教学目标"。这里的"地气",我便将它与"真实体验"相联结。的确,教师应"用好学生已有的生活经验",将教材、教学与现有的生活紧密联系,体现学习的"真实性",让知识能够来源于生活,学于生活而用于生活。不光是在品德课程上,语文、数学甚至其他各类课程都应做到让学习充满"真实"。真实涵盖在学习之中,涵盖在人生成长之中,要学于真,要学得真,要学做真人!"真实性"不光是站在学习的角度,更是站在学生的角度,以学生为主,以生为本。

本次跨学科课程,在选择课题时,我也时刻谨记"真实性"这一理念,希望将这一理念用于教学设计与课堂实践之中。

众里寻他千百度

我们认真翻阅教材内容,挖掘信息、考虑整合点,并与老师们进行多次的交流、讨论,最终确定将一年级下册语文《小壁虎借尾巴》与一年级下册道德与法治"可爱的动物"进行整合。

本堂课最终为引导学生喜爱动物、保护动物这一教学目标,并且这一教学目标可不能止于表面,停于嘴上,希望能让学生能发自内心的感受、体验与表达,所以道德与法治部分的内容便成了这堂课"升华主题"的"阶梯",而"真实性"这一特性,更成了我们制定教学目标、上课的要求与特点。可如何才能有效达到这一教学目标,为此我们苦苦思索……

有了!我可以设计环节,让小朋友们讲述自己与身边的动物朋友们的故事,这样来自生活的事例不仅体现了小朋友喜爱动物的真实性,更让其他小朋友从大家的生活中了解动物,甚至爱上动物,自然而然也就懂得了要保护动物。为了使这样的故事分享更加有效,我还设计了对故事分享的评价环节,确定了评价标准,以供学生的自评、互评和教师的评价。

图 2.14　评价标准

所以,在最初设计教学目标和教学设计时,我们确定了以下的教学目标:

知识与技能:

1. 掌握"壁、墙"等12个生字,能流利地朗读课文。

2. 理清课文脉络,小壁虎分别向谁借过尾巴?结果怎么样?

过程与方法:

1. 观察动物,并猜猜这些动物会对人类有怎样的启发。

2. 学习人类可以从动物身上学习到什么,理解动物老师,让学生学会观察和了解动物。

情感态度与价值观:

1. 从仿生学的角度,人类根据动物的特点进行发明创造,利于生活,从而明白动物对人类的非凡意义。

2. 介绍自己喜欢的小动物,说说自己在生活中和这些小动物发生的故事。

山重水复疑无路

带着期待和自信,我和孙老师共同进行了第一次试教,结果却与预设的情况大相径庭。课后,听课老师指出了本堂课出现的问题,让我们知道了自己的不足。

针对教学目标,我们发现了这堂课存在的许多问题。整体而言,我和孙老师的这堂课,都较好地完成了各自的教学目标,却过分划清了界限,只顾达到自己的教学目标,而忽视了跨学科课程"融合"这一特点;虽然语文、品德部分的内容都是和动物有关,但却只停留于表面,为了整合而整合,而使得整堂课犹如"披着羊皮的狼"。从课堂的环节而言,我们过于注重小朋友们的真实体验,而忽略了课堂的趣味性,使课堂变得枯燥乏味,整节课最后,变成了无聊的故事分享大会,小朋友们上课的积极性也愈来愈低。

讨论会之后,我和孙老师都有些灰心丧气。第一次接触整合课的我们似乎还没有真正理解整合课的概念,出现的这些问题仿佛像层雾霾,笼罩在我们的心头。我们甚至想:要不重新拟定主题,再换个试试。但是转念一想:如果本质上还是没有搞清楚跨学科整合课的概念,盲目进行整合,结果也还是会像本次课程一样,停留于表面罢了。当时便有了一种"剪不断,理还乱"的感觉……

柳暗花明又一村

王国维先生在《人间词话》中曾提到治学的三大境界:"'昨夜西风凋碧树。独上高楼,望尽天涯路',此第一境也。'衣带渐宽终不悔,为伊消得人憔悴',此第二境也。'众里寻他千百度,蓦然回首,那人却在,灯火阑珊处',此第三境也。"王先生告诉我们,做学问、成大事的人,就要有明确的目标与方向,坚持不懈,执着向前,反复探索、研究,做到专注,下足功夫,方能豁然开朗,柳暗花明。我想,不管做什么事情,王国维先生的这番话都同样对人有启迪、鼓励的作用,包括我们今天的教学。

虽是第一次接触,但却不可将"第一次"作为"做不好"的借口。

于是,我和孙老师重整旗鼓,鼓起信心,再次进入第二轮的探讨之中。针对前期几位老师提出的意见,我们将教学设计进行了多次的删改,加入区语文"智趣课堂"的主题理念,又融入绘本、音乐、美术等课程元素,让课堂变得更加有趣,并重点就跨学科整合点进行了探讨:是啊,前期我们一直把重心放在了"动物"上面,忽视了"奇妙"这一关键词——语文《小壁虎借尾巴》中各种动物尾巴的功能不就很奇妙吗?道德与法治"可爱的动物"里动物能给人们带来启迪和发明,也很奇妙;各种动物具有的不同特点,如模样、本领等,生活相处过程中与人类发生的故事这些种种都很奇妙。"奇妙"在这堂跨学科课上是一大突破的关键词。于是我们改进教学设计,再次试教,并请各科老师磨课、探讨。

我们修改后的教学目标为：

知识与技能：

1. 掌握"壁、墙"等12个生字，能流利地朗读课文。

2. 理清课文脉络。

3. 课文中，动物们哪些地方让你觉得很奇妙。

过程与方法：

1. 了解各种动物的奇妙之处。

2. 学习人类可以从动物身上学习到什么，理解动物老师，让学生学会观察和了解动物。

情感态度与价值观：

1. 从仿生学的角度，人类根据动物的特点进行发明创造，利于生活，从而明白动物对人类的非凡意义。

2. 介绍自己喜欢的小动物，说说自己在生活中和这些小动物发生的故事。

3. 设计和制作动物名片，通过精心的制作，进一步体现和表达对动物的喜爱以及保护动物的观点。

针对第一次上课时出现的"生硬的整合点"这一问题，我们探讨发现，《小壁虎借尾巴》一课中各种动物尾巴的作用很奇妙，在"可爱的动物"里涉及的动物给人类带来的各种启发、动物在生活中给我们的帮助等也很奇妙……何不抓住"奇妙"二字，以"奇妙的动物"作为整堂跨学科整合课的主题，这样不仅使两堂课有了更自然的融合，还带给学生不一样的观点——奇妙：动物们奇妙在哪？为什么奇妙？进而打开学生的思维，进入到新的课堂之中。

为了使课堂气氛更加活跃，我们还在课堂中融入绘本——《动物老师》、音乐——课间操环节，大大提高了学生的上课兴趣，学习到的内容也变得更加多元。在最后设计了美术——设计制作动物名片的环节，既提高了学生的积极性，让课堂不是特别无聊，更让小朋友们在精心制作的过程中，发自内心地表达对动物的喜爱，有效达到教学目标。

为了更加凸显本堂课的主题——小动物的真实性，我们还请小朋友自己带了喜爱的小动物的照片和实物，到课堂中进行展示，并且还要求小朋友们分享和这些可爱的小动物之间发生的真实故事，让大家真切感受到身边动物的可爱、奇妙、有趣之处，更真切地体会到对动物的喜爱与保护之情。

一次，两次，三次，一年级的班级除了我自己班，其他班级都已经被我们试教完。

欲穷千里目,更上一层楼

这是我第一次接触跨学科整合课程。"整合"二字,听起来仿佛容易而简单,却是要经过一番良苦用心。从接触到探索,从疑惑到进步,教学的每一步都需要老师们的理解、思索、探究,才能将两个甚至多个原本分离的课程完美地融合,才能给学生带来一堂多元、融合、创新的课程。

我校从2015年起,依托学校省规立项课题"多元·融合·创新——基于水文化引领的跨学科课程体系建构研究"进行跨学科整合实践研究,作为新教师的我,如今"踏在巨人的肩膀上",更是要好好理解和研究前期老师们留下的成果,研读理论,勤于实践。

我们经常鼓励孩子们:欲穷千里目,更上一层楼。这句话同样适用于勉励作为教师的自己。"路漫漫其修远兮",对跨学科整合课程的探索不止眼前,还将是无数个未完待续。而我也将做好准备,坚持不懈,以最好的状态迎接每一个挑战!

(杭州市京都小学 陈益波)

4. 设计情境——解决问题导向

4.1 问题情境的教学理念 / 74
4.2 问题情境的设计步骤 / 75
 4.2.1 设计真实的背景 / 76
 4.2.2 融入合理的条件 / 76
 4.2.3 提出有层次的任务 / 77
4.3 问题情境的教学案例 / 78
 4.3.1 运用教学论问题情境的案例 / 78
 4.3.2 运用靶向问题情境的案例 / 81
 「故事十一」巧用情境设计,打造灵动课堂 / 84
 「故事十二」真实情境下的跨学科学习 / 88

在确定跨学科课程的主题、教学内容和目标后,为了使其学科的内容结合更加自然和有意义,使教学与实际生活更加紧密联系,基于真实性学习的理念,京都小学的教师在具体的教学实施中主要采用问题情境的教学理念,从学生的生活实际出发,创设真实的问题情境,用以激发学生的好奇心和探究欲,调动学生的生活体验,促使其建构完整的思维流,从而培养学生解决真实问题的专业素养。

4.1 问题情境的教学理念

关于问题情境,比利时的易克萨维耶·罗日叶教授在《为了整合学业获得:情境的设计和开发》一书中详细地介绍了其概念,并将其作为整合教学法的核心。问题情境由"问题"和"情境"两个部分组成,简单来说,问题就是障碍和矛盾,情境就是背景[1]。教师可以通过情境吸引学生的注意,而问题可以使学生对内容产生疑惑,所以"问题

---

[1] [比]易克萨维耶·罗日叶. 为了整合学业获得:情境的设计与开发(第二版)[M]. 汪凌,译. 上海:华东师范大学出版社,2010:6.

情境"就将教师、学生和内容这三个教学主体加以联系。不难发现,日常生活中的问题情境和课堂教学的问题情境是有区别的。前者是自然存在的,而后者的目的是为了引发学生的思考,因此有某种顺序和结构。在把前者转变为后者时,教师常常把问题从真实情境中剥离得太干净,以至于降低了本身的意义以及对学生思维的挑战性。跨学科教学的目的之一在于建立学科之间、学科与生活之间的联系,因此在教学过程中尽可能地还原日常生活中的真实情境十分有必要。

按照罗日叶教授的分类方式,在学校教育中,"问题情境"分为教学论问题情境和靶向问题情境。其中教学论问题情境指的是教师在讲授新的知识和技能时为全班同学组织的情境,它以教师讲授为主,以合作学习和自主学习为辅,而靶向问题情境指的是教师为使学生运用和联结已学的知识和技能所创建的复杂情境,它可以用来整合和评估多种知识或技能,因此以自主学习为主,以合作学习和教授辅导为辅[①]。罗日叶教授认为,靶向问题情境有两大优点。第一,它更像是日常生活的真实情境,并以故事的方式讲述,引发学生的认知冲突和探究兴趣;第二,它需要学生自己去辨别哪些是问题解决需要的信息和资源,并对这些信息和资源加以整合,具有挑战性,问题的解决会给学生带来很大的成就感,还能帮助学生有效地迁移到日常生活的问题解决中去[②]。在跨学科课程中,应该根据具体的教学目标设计恰当的问题情境,培养学生在真实问题情境中解决问题的能力。

4.2 问题情境的设计步骤

要进行跨学科问题情境的设计,首先要明确问题情境的构成。罗日叶认为问题情境由支持工具和命令构成,其中支持工具是一组呈现给学习者的物质因素,包括书面文章、插图、照片等,而命令则是从既定的支持工具出发,明确向学习者提出的一组学习指示。[③] 索克尔利加姆(Nachamma Sockalingam)和施密特(Henk G. Schmidt)认为问题情境由内容、背景、任务、格式这四个要素构成。[④] 综合上述研究,问题情境的设计应该分为以下三个步骤,即设计真实的背景、融入合理的条件、提出有层次的任务。

---

① [比]易克萨维耶·罗日叶.为了整合学业获得:情境的设计与开发(第二版)[M].汪凌,译.上海:华东师范大学出版社,2010:25—36.
② 同上书,49—60.
③ 同上书,62.
④ 刘徽,吴鑫.新加坡真实性学习的实施研究[J].比较教育研究,2018,v.40;No.342(07):53—60.

4.2.1 设计真实的背景

真实性是问题情境的一个重要特征,在跨学科课程中更应突出体现。真实的问题情境的背景可以是来自现实世界的,比如新闻报道、历史故事,或者身边发生的真人真事,也不一定是真实发生的,如小说、童话故事、电影等。如下例所示,就是一个对童话故事《灰姑娘》的改编:

话说灰姑娘脱下笨重的木屐,套上晶莹剔透的水晶鞋,不大不小刚刚合适,王子这时也辨认出了灰姑娘:"啊!你就是她!"他激动地上前握住了灰姑娘双手,灰姑娘也娇羞地低下头,周围所有的人都不禁鼓掌为他们祝福。这时谁也没注意到在角落的后母已经气得面孔发青,她趁众人不注意冲上前,夺下那只象征幸福的水晶鞋重重地摔到了地上,嘴里还恶毒地咒骂着:"这就是你们两人的未来!"所有的人都惊呆了。骂骂咧咧的后母被士兵带走了,灰姑娘的眼泪也如这四溅的水晶鞋碎片大滴大滴地掉落下来,看着伤心的灰姑娘,王子心如刀绞,暗自下决心一定要修复水晶鞋。[①]

从空间来看,情境背景可以划分成多个维度。PISA考试根据学生的现实生活需要将情境分成不同的空间,比如阅读(个人、公共、教育、职业)、数学(个人、公共、教育或职业、科学)和科学(个人、社会、全球)。[②] 因此在设计跨学科真实问题情境的背景时也可以从个人、公共、职业和教育等维度出发。

为了增强背景的真实性,教师作为教学设计者还可以考虑营造"实习场"这一策略,即提供学生亲临实际现场的机会,如车间、公园、乡野、商店等真实的工作、生活与社交场景,通过赋予情境的生活性,增强情境的真实性。随着数字技术的发展,虚拟问题情境的设计也日益得到了重视。借助语音技术、计算机图形、编程语言、互联网络、人机交互和虚拟现实等技术以设计虚拟化的情境,从而再现或概括性地创造真实情境,也将有助于增强问题情境的真实性。

4.2.2 融入合理的条件

问题情境中的条件可分为已知条件与限制条件两大类,可以以数字、图表、文字、图画、视频等多种形态呈现。无论是以何种形态呈现,这些条件都应尽可能地合乎常理,从而进一步增强问题情境的真实性,支持学生进行深入的思考和探究。

罗日叶认为已知条件可以分为四类,第一类是要寻找已知条件,即学生通过阅读

---

① Frederick Toralballa Talaue, Mijung Kim, & Tan Aik-Ling. Authentic Finding Common Ground During Collaborative Problem Solving: Pupils' Engagement in Scenario-Based Inquiry. In Young Hoan Cho, Imelda S. Caleon, & Manu Kapur. Problem Solving and Learning in the 21st Century: Perspectives from Singapore and Beyond. Singapore: Springer Singapore, 2015: 133-151.
② 陆璟. PISA测评的理论和实践[M]. 上海: 华东师范大学出版社, 2014: 14.

已有材料、上网查找或联系自身情况等方式获得已知条件;第二类是不明确的已知条件,也就是说不是以直接的文字或数字表现出来,而是要在图表中寻找或是一种常识,比如告诉你在 A4 纸上裁剪出盒子字样,这里 A4 的大小就是不明确的已知条件;第三类是干扰性的已知条件,也就是无关的条件,但它与必要的条件看起来很接近,需要学生加以识别和辨认。第四类是有待改变的已知条件,也就是需要学生进行转换的条件,比如常见的就是数学中的单位换算。

在问题情境中,限制条件尤为重要。现实问题往往都是有限制的,最常见的限制就是时间、资源和经费等的限制,通过融入这些限制性的条件,一方面可以更加突出情境的真实性,另一方面也能给相应的任务增加挑战性,为学生解决问题制造一些合理的障碍。

4.2.3 提出有层次的任务

问题情境有教学和评估两种功能,教学需要由浅入深,评估也需要区别不同能力水平,因此问题情境中的任务需要体现层次。以 PISA 考试为例,所有试题都有问题情境,带有评价功能,其编制程序是先制定阅读、数学和科学的认知评价维度和评价层次,如表 2.8。

表 2.8　PISA 数学量表六个精熟度水平

水平	标　　准
1 级水平	学生能回答熟悉的背景中的信息且界定明确的问题,能够根据具体情境的直接指示找到信息并按常规程序进行操作。
2 级水平	这个水平的学生能运用基本算法、公式、步骤和方法,能够进行直接推理和解释结果。
3 级水平	这个水平的学生能够根据不同的信息进行直接推理和解释,他们能进行简短的交流,报告他们的解释、结果和推理。
4 级水平	这个水平的学生具有一定的洞察力,能运用娴熟的技能和灵活的推理,能够形成和交流自己的解释和推理。
5 级水平	这个水平的学生能够有策略地处理问题,具有娴熟的思考和推理能力,能深入洞察问题情境,能反思他们的行为,并形成和交流他们的解释和推理。
6 级水平	学生能进行复杂的数学思考和推理,能够洞察和理解,提出新的解题方法和策略。这个水平的学生能有条理和准确地交流他们的做法以及对发现、解释、论证作出反思。

认知层次也可以通过任务完成方式来实现,比如在教学中一般来说难度比较高的任务由合作完成,难度比较低的任务由个人完成,提供了一个脚手架。如下例:

任务 1:全班一起寻找鞋匠小屋里的十样不同材质的东西(橡皮筋、塑料袋、泡沫板、金属尺、小木碗、陶瓷杯、蜡染布、海绵块、皮带、纸牌),请每个学生先自主分析每

一种材料的属性,填写属性表格;

　　任务2:请学生组成四人合作小组,汇总每个人的材料属性表格,在此基础上集体讨论用哪种材料制鞋最为合理,最后大家投票,并统计得票;

　　任务3:请学生组成四人小组,可以对材料进行自由组合和配比(以物理和化学两种方式),构想完美公主鞋,并画出设计草图。

4.3　问题情境的教学案例

　　按照罗日叶教授的分类和定义,京都小学的教师根据实际情况,在讲授新知和整合评估旧知时分别应用了这两种不同的问题情境,虽然给予学生的问题可能只涉及单个学科,但在情境的建构中通过整合其他学科的知识,使得情境更加符合真实生活和实际情况,引发学生的探究兴趣。以下结合具体的案例呈现跨学科教学中问题情境的应用。

4.3.1　运用教学论问题情境的案例

　　京都小学通过整合五年级下册的语文、数学、英语、科学、品德、美术的教材相关内容,形成"日新月异的生活"这一跨学科课程,以"昨天-今天-明天"为主线,其中"今天"板块里将品德的"日新月异的交通"一课与数学的"折线统计图"相结合。

　　其中品德课程的教学目标主要是:①了解交通方式的历史发展与变化,感受现代交通的四通八达和交通工具的日新月异;②感知交通与社会发展的密切关系,感受现代化的交通条件带给人们的巨大福利和方便;③激发对现代生活的热爱和对美好生活的憧憬。

　　数学的"折线统计图"是概率与统计的一个内容,属于应用数学范畴,在学习中应以学生的生活经验作为学习基础。在这之前,学生在二年级上册和三年级下册学过了"统计表初步"和"条形统计图",因此在教学过程中可以在复习条形统计图的基础上,通过比较的方法感知两种统计图的共同特点以及区分不同之处,能根据数据的特点合理选择呈现方法。本节课的知识技能目标是:①复习条形统计图,认识折线统计图及其特征;②能根据数据的特点绘制合理的统计图;③读懂折线统计图中的统计信息,并能进行一定的统计分析。过程与方法目标是:经历比较学习的过程,通过知识的迁移进行有效学习,在过程中提升辨析观察能力、说理分析能力。情感态度与价值观目标是:关心现实世界中的数学现象,感知统计在生活中的运用,提高统计的意识。

　　通过联系品德与数学,可以发现品德的教学目标较为注重知识和情感态度,而数学注重知识和技能,两者都涉及联系实际生活(品德:感受现代化的交通条件带给人们的巨大福利和方便;数学:关心现实世界中的数学现象,感知统计在生活中的运用,提高统计的意识),并且都有对比的方法(品德:古今对比;数学:条形统计图与折线统计图的对比)。为了使其结合更加自然和有意义,在教学过程中,教师运用了教学论问题情境。该课的课堂实录详见附录,在这里只选取几个典型片段进行呈现和分析。

师:同学们,假如我们回到一千多年前,有个寒门学子苦读三年,正要准备进京赶考,从杭州出发到北京,大约1 500公里,他的步行速度是每天30公里,坐轿子的速度是每天50公里,坐马车的速度是每天60公里,你替他选择一种交通方式,算算他需要提前几天出发才能按时参加考试。

生1:我觉得坐马车最快,所以替他选择坐马车,这样需要25天。

生2:我觉得寒门学子应该坐不起马车,所以替他选择走路的方式,需要50天。

师:嗯!你们的数学计算能力都很好,还能结合实际情况。那么就按你们所说的,对于古代的交通方式,你有什么想说的?

生1:古代科技不是很发达,他们没有汽车或飞机之类的交通工具,所以古代出行非常不方便。

生2:我觉得古代出远门非常麻烦,去趟京城可能得花好长时间。

(通过情境创设,学生进行简单的数学应用计算,进而体会到古代交通的不便。)

师:是的,你们都体会到了古代交通的不便。时光飞逝,我们又回到了现在。假如今年你们全家人要去北京去旅游,你觉得可以乘坐什么交通方式?

生1:坐高铁。

生2:坐飞机。

生3:坐火车。

师:你们对现在的交通方式知道得可真多呀!老师也提前查了一下从杭州到北京的四种比较常用的交通方式所需要的时间(白板展示飞机、高铁、动车、汽车的花费时间)。同样从这里到北京,一千多年前和现在的不同给你怎样的启发?

生1:现代科技比较发达,交通工具发生很大改变,使得出行的时间可以大大减少。

师:说得很好。其实呀从纵向来看,随着时代的发展,我们的交通工具不仅多样化了,同一交通工具的速度也在变化,比如以前的火车和现在的火车速度就是不一样的。而从横向来看,大家可以看到现在从杭州到北京的飞机、高铁、动车、汽车所花费的时间也不同。

(通过情境创设,引入现代的交通工具,学生感受现代交通工具的不同,通过比较,感受现代化的交通条件带给人们的巨大福利和方便。)

师: 生活在杭州,大家有没有发现最近杭州的交通有了什么新的变化?

生1: 一直在建新的地铁。

生2: 我看到有好多种类的共享单车。

师: 是的,大家现在在马路上应该能看到各种各样的共享单车,黄的、白的、灰的……它们的出现给我们的公共出行带来了很多便利,这种交通方式也是践行绿色出行的理念,对城市交通拥堵有一定的缓解作用。在它们出现前,我们杭州在公共自行车上其实已经有了很长的历史,大家对这张图片熟悉吗?(图片展示)

生1: 杭州特有的公共自行车租借点。

生2: 也叫小红车。

师: 是的,这种红色的公共自行车大家应该都很熟悉,你们知道它是什么时候有的吗?

生: (摇头)

(通过引入与实际生活密切联系的"公共自行车"话题,建立学习与生活的联系。)

师: 那么今天老师就跟同学们一起来了解下公共自行车的发展史。昨天老师在网上搜了很多新闻和数据,发现一篇新闻和我们今天所要学习的内容有关系。

(教师带领学生进行新闻阅读,提取了2008—2015年杭州公共自行车每年租借总次数,形成统计表。)

师: 从这个统计表,你能很清晰地看出每年的租借总人次吗?有没有更清晰的表示方法?

生: 可以用我们之前学过的条形统计图把它画出来。

师: 很好,我们可以将统计表转化为统计图,这样更加直观地看数据的情况,这里老师为了方便,就直接在电脑上画出来,顺便带大家温习一下信息技术课中学到的绘制图表的方法。

(教师带领学生运用excel将表格绘制成条形图和折线图)

(通过引入真实的新闻,锻炼学生阅读新闻的能力,建立统计表、条形统计图、信息技术课程等旧知与新知的联系。)

师: 老师这里有一张昨天学校附近的公共自行车租用情况的统计表(每两个小时一个数据),你们能用恰当的统计图表示出来吗?动手做一做,画完后想想,从图中你可以知道哪些信息?

(学生自主完成任务、个人成果展示)

学生结论: 早晚高峰的人最多,中午较多,其他时间段较少。公共自行车在早晚高峰发挥了巨大作用。

（学生在具体情境中应用统计图,并根据折线统计图,对统计结果进行分析或合理推测。）

通过该课的课堂实录,可以发现在课程的前半部分主要是品德"日新月异的交通"的内容,后半部分是数学"折线统计图"的内容,但两者的衔接过渡十分自然。在品德中通过引入古代杭州的寒门学子进京赶考和现代人从杭州到北京去旅游的情境,借助数学的简单计算应用,帮助学生感受古代交通的不便和现代化交通方式带给人们的便利。而品德的主题也为数学的统计图的应用提供了素材来源。立足于交通,教师通过引入当前十分流行的"共享单车"这一话题,在讲授统计图相关内容、学生自主完成的任务中始终扣住这一来自实际生活的情境,虽然还是免不了"把问题从真实情境中剥离得太干净"这一教学论问题情境的倾向,但对于建立新知与旧知的联系、建立学科与生活之间的联系、实现各学科的教学目标都起到了巨大作用。学生在此过程中保持的高度关注和兴趣也表明教学内容调动了他们的生活经验,激发了他们学习的兴趣和热情。

4.3.2 运用靶向问题情境的案例

京都小学通过整合六年级下册的语文、数学、英语、科学、品德、美术、音乐的教材相关内容,形成"成长的旅行"这一跨学科课程,以"旅前规划-人在旅途-旅后感悟"为主线,其中"旅前规划"板块里将美术的"祖国美景知多少"一课与数学的"百分数"相结合。

美术"祖国美景知多少"的主要教学目标是学习风景摄影,了解构图知识,领略祖国风光,体会祖国山河的美,激起热爱祖国的情感。

对于数学"百分数"的结合方式,原本是计划让学生学习百分数,并在制订旅行计划时运用百分数分配旅行支出。但之后教师在进行教学设计时发现,这样的运用并不符合生活经验,因为在生活中进行旅行计划时,我们只需要关注食住行的大致开销预算,并不需要知道它们各自占总开销的多少。于是教师们结合了靶向问题情境的相关理念,将这部分内容更改为给予学生真实的出行和住宿信息和资源,让学生自行辨认,整合学过的关于百分数中的折扣的知识,解决出行和住宿的选择计划问题。

在该课的课堂实践中,美术老师王老师首先展示了祖国各地的风景图片,带领学生领略祖国风光的同时了解相关的摄影技巧和构图知识,紧接着把重点放在了新疆的美景和风土人情上。紧接着数学老师沈老师就走上了讲台,与学生进行了如下的交流。

师：哎呀,看了王老师所展示的新疆美景和风土人情,沈老师对新疆的水果、舞蹈都非常感兴趣,我现在就计划今年暑假和我的家人一起去新疆旅游,同学们觉得我现在应该做什么准备呀?

生：存钱。

师：是的,旅行费用很重要,那么我大概要存多少钱呢? 去旅行需要花哪些部分的钱?

生1：住宿、吃饭。

生2：景点门票。

生3：机票。

……

师：是的,看来同学们旅行的经验都很丰富呀! 如果做过旅游计划的同学应该会知道,刚刚大家所说的花销中,住宿的酒店和机票提前预订是会有优惠的,沈老师刚刚已经找到了相关的机票和酒店信息,想请同学们帮我们一家三口制订一个比较划算的七天出行和住宿计划。

（呈现相关的机票和酒店信息,如图2.15与2.16所示,要求：根据提供的信息,小组讨论并制订出行合适方案。)

一、航班信息：

杭州—乌鲁木齐(直达)	8:35—13:50	2 220元
乌鲁木齐—杭州(经停郑州)	17:05—23:30	
杭州—乌鲁木齐(经停郑州)	7:15—14:50	1 800元
乌鲁木齐—杭州(经停郑州)	15:50—22:10	
杭州—乌鲁木齐(经停郑州)	12:50—20:00	2 300元
乌鲁木齐—杭州(经停绵阳)	16:35—23:10	
杭州—乌鲁木齐(直达)	7:15—14:50	2 513元
乌鲁木齐—杭州(直达)	16:05—23:10	

注意：
1. 提前一个月购买可享受九折优惠;
2. 持有携程贵宾卡可享受折后九五折。（租用贵宾卡50元/每次)
3. 12周岁及以上儿童按成人票计算。

图2.15 杭州与乌鲁木齐往返航班信息图

在这样的交流和任务布置后,学生以两人小组合作的方式进行计算,并随时向老师询问疑惑的地方,如老师的孩子年龄多少、租用的贵宾卡是否不限次数、是否能够打上折……

二、住宿信息

图 2.16 乌鲁木齐酒店信息图

通过该课的课堂实录可以发现,美术在呈现风景、讲授摄影和构图技巧的同时也在为数学的靶向情境做了铺垫。整节课以故事的方式讲述,像是日常生活的真实情境,引发了学生的认知和探究兴趣。通过呈现航班和酒店的信息,学生需要自己去辨别哪些信息是问题解决所需要的,并对这些信息和资源加以整合,在此过程中对生活中关于"折扣"的百分数知识加以应用,比一般的教学题目更具有挑战性,能够锻炼学生的资源筛选和解决问题等跨学科能力。当问题得以解决时学生会获得较大的成就感,体会学科与生活之间的联系,将解决问题的思维和方法有效地迁移到日常生活的问题解决中去。从学生在课堂上所表现出的高度关注、师生之间和生生之间的热烈讨论可以看出,靶向问题情境调动了学生的生活情境,激发了学生的兴趣和热情。而通过该靶向问题情境,学生能整合有关数学计算的相关知识,教师也能评估学生对百分数和折扣相关知识的掌握程度。

[故事十一] 巧用情境设计,打造灵动课堂

背景

我校从2015年起依托学校省规立项课题"多元·融合·创新——基于水文化引领的跨学科课程体系建构研究"进行跨学科整合实践研究,三年来已取得丰硕成果。作为京都小学的一员,我也有幸参与了跨学科统整新实验,在名师工作室导师黄素平老师和信息技术学科导师郑建达老师的指导下,首次尝试一人执教信息技术+数学的整合课。

在学校进行跨学科整合研究的这三年中,我观摩了多节精彩的跨学科整合课,京都的老师们在课堂呈现过程中丰富形象的情境设计常令我为之惊叹。老师们精心设计,巧妙地将各学科知识点融入生动有趣的情境中,使学生在愉快的体验中完成学习任务,这正是我在课堂教学中一直追求的。因此,在本次的跨学科整合课准备过程中,我与导师多次磨课,不断改进,试图通过合理的情境设计打造更为灵动的课堂。

设计问题情境,明确目标功能

我选取了Scratch编程中的"链表"与数学四下中的"运算定律"这两个知识点将其整合,确定了教学目标,设定的问题情境为结合数学中的运算定律,利用Scratch编程软件设计一个程序,让电脑自动出题并能对使用者输入的答案判断对错。期望在这样的问题情境下,通过数学和信息技术的有机整合,在提高学生的计算能力的同时掌握Scratch中的新指令,提高编程水平。由于数学和信息技术的知识点都是相对严谨的,要求学生有较强的逻辑思维能力,为了帮助学生在轻松愉快的课堂氛围中学习理解知识点,我设计了一个以可爱的小猫"喵喵"为主角的范例程序,希望经范例程序呈现、与学生交互,带领学生进入到"喵喵出题目"的游戏化的主题情境中。

生活化情境再现,快速开启课堂

前期准备工作就绪后,我开始了第一次试教。在课堂导入环节,我通过运行范例程序让学生计算电脑给出的题目,复习运算定律,接着引出本节课也将要求学生设计这样的一个Scratch程序,从而展开"链表"这一知识点的学习和运用。在试教前,我想当然地以为按照这样的流程,能够调动学生的学习积极性,营造一个比较活跃的课堂氛围。然而,现实与理想还是存在很大差距,面对紧凑的学习任务,学生的反应似乎慢一拍,常跟不上我的节奏,在规定时间内的目标达成量少得可怜,一个班大概只有三分之一的学生完成了整个程序。一节并不成功的试教课结束后,我意识到之前想得太容易了,看来这节课的问题还有很多。两位导师全程参与了本次听课,他们一针见血地指出学生之所以难以跟上老师的节奏,是因为我没有在各阶段创设合理的情境让学生自发地投入其中。比如,在课堂一开始,我就让学生直接做口算题目,显

得有些突兀,学生还没反应要做什么,我就已经布置了下一个任务,学生自然难以接受。另外,由于 Scratch 中的"链表"是新授内容,要求学生有较好的思维能力,因此教师需将学习目标细化,通过任务驱动的情境设计由浅入深地引导学生一步步掌握,而我在执教过程中有些急于求成,导致学生的掌握情况不理想。看来好的情境设计是需要结合每一部分的教学精心设计的,听完导师的建议,在接下来的几天中,我针对各环节的教学目标,进一步思考和创设有利于学生学习的教学情境。

怎样才能自然地展示学习任务并将学生快速地引入到课堂学习中呢?我回忆之前观摩的优质课中的课堂导入环节,教师往往能结合学生的生活,激发学习兴趣。对了!可以通过生活化的情境设计来吸引学生的注意力,从而引出学习内容。考虑到当时学生正处于期末复习阶段,部分学生被计算难、易出错等问题困扰。于是,课堂导入时我设计了一个生活化的情境展开师生交流,通过询问学生的复习情况,调查数学薄弱的学生,发现他们大多都有计算上的问题。对此,我顺势告诉学生老师这有一个法宝,可以让电脑自动出题帮助同学们提高计算能力,学生们都一个个瞪大了眼睛,满怀好奇,迫切地想知道是什么神奇的宝贝。这样的一番对话迅速抓住学生眼球,潜移默化地将学生带入情境。我的范例程序(程序界面如图 2.17 所示)在这时便闪亮登场了,学生与电脑形成互动依次回答题目,大家被这个有趣的作品深深吸引了。我告诉学生这节课我们也将完成这样的一个口算出题器,帮助大家解决计算问题,大家都很兴奋,对此产生了强烈的学习兴趣。经过生活化的情境设计,课堂气氛比第一次试教活跃了很多,更好地调动了学生的学习积极性,也明确了这节课的学习内容。

图 2.17　程序界面图

4. 设计情境——解决问题导向

问题情境条件设置,推动教学活动进行

在学生自主设计口算出题器的题目时,为了让学生能更好地掌握简便计算,我设计了一个让学生当小老师来出题的情境,并且给限制了条件,即学生出的题目需能使用运算定律实现简便计算。在此环节中,我下发给每名学生一份学案,罗列了一些运算定律,并给了一些题目供学生参考,学案如图2.18所示。

运算定律

> 加法交换律 $a+b=b+a$
> 加法结合律 $(a+b)+c=a+(b+c)$
> 乘法交换律 $a\times b=b\times a$
> 乘法结合律 $(a\times b)\times c=a\times(b\times c)$
> 乘法分配律 $(a+b)\times c=a\times c+b\times c$

题库(题目需能使用简便计算)

序号	题目	答案
1	$88\times27+27\times12$	2 700
2	$75\times23+25\times23$	2 300
3	$168+163+37$	368
4		
5		
6		

图2.18 学案中的问题情境条件设置

通过这样的条件设置,学生要做什么,要注意什么一目了然,顺利地推动了教学活动的进行。

任务分解,丰富学生认知层次

在对"链表"这一知识点开展教学中,我深入分析了教学目标,将任务分解,通过任务驱动情境创设帮助学生明确学习任务。我将程序的设计过程分成三个任务:

任务一:新建"题目"和"答案"链表,分别填入3道能使用简便计算的题目和答案;

任务二:结合"询问"指令,编写脚本,让喵喵能够询问"题目"链表中的题目;

任务三:结合"回答"指令让喵喵能够对使用者输入的回答进行判断。

这三个任务难度由浅入深,且符合程序的制作思路,第二次试教时,我在各个阶

段将任务依次出示,学生在任务驱动的情境下,知道自己每一步需要做什么,完成情况比第一次试教好了很多,完整地将程序完成的学生人数占到了三分之二。

图文再现,帮助问题解决

虽然第二次试教有了进步,但仍有三分之一的学生在制作程序时还无法跟上老师的思路,"革命尚未成功,同志仍需努力"。第二次试教结束后,我和导师坐下来仔细分析原因,共同探讨教学中存在的问题。黄老师指出每个班都存在着一部分接受能力较弱的学生,而 Scratch 程序设计要求学生在一开始大脑里就应形成清晰的编程思路,显然,这部分学生无法自主建构这部分思维,这就要求教师来辅助。黄老师联系多年来的数学教学经验,指出在数学教学中常通过图画再现情境的设计来帮助学生理解,同样地,在程序设计时也适用。她建议在布置任务前,先展示整个程序的流程图,帮助学生理清整个程序的编程思路,做到心中有数,这样,编程的难度也就降低了。黄老师的话令我豁然开朗,于是,我设计了以下流程图(如图 2.19 所示):

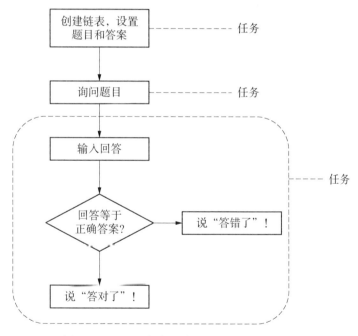

图 2.19 Scratch 程序设计型问题解决思路流程图

第三次试教时,我先创设图文再现的情境,通过课件展示程序流程图,引导学生一起分析和理解。当原本抽象的编程思路经流程图再现时,学生很容易对程序的编程思路有了把握。在程序流程图图文再现的情境下,结合之前的任务,学生编程更加得心应手,这次几乎所有学生都完成了程序设计。

结语

这是我第一次一人执教这样的跨学科整合课,从前期筹划到后续不断改进,我都倾注了很多精力。几次试教下来,创设灵活多样的情境带给整节课的提升效果是显而易见的。通过本次跨学科整合实验中的情境设计探索,我更为深刻地认识到情境设计的重要性。教学是一个复杂的过程,不同的人,不同的情境,都会产生不同的教育效果。在后续的教学中,需根据实际情况,精心设计教学情境,真正扣住学生的心弦,使每堂课都变成一次愉快的学习旅程。

(杭州市京都小学　过映红)

「故事十二」真实情境下的跨学科学习

初见成效——从真实情境出发

正当研究停滞不前时,浙大刘徽老师和我校课题组负责人洪俊校长给我们指明了道理,再次明确了:我们学校基于国家课程的跨学科整合以教材内容整合点、地域文化特色点、学生生活兴趣点等为核心整合各学科内容,搭建起基于真实性学习的跨学科综合课程体系。通过跨学科学习我们应该带给学生批判性思维、协作能力、自我管理能力、综合解决问题的能力等,而非仅让学生掌握某一项技能或结论,所以从真实情境出发的跨学科学习更加有效。于是,在第四轮实验、四年级下册的跨学科学习周中我提出了以"营养午餐"为主题的项目化学习。

传统教学中,仅通过科学学习学生只是形成粗略模糊的营养概念,具体到怎么组合搭配食物还涉及具体营养量的计算分析,这些实践活动在课堂上是缺失的,由此学生往往会出现"道理我懂,但是我不知道怎么做"或"我知道该这样做,但我做不到"的现象,所以本项目整合数学和科学,围绕学生感兴趣的真实生活情境问题展开。学生通过对比自己日常饮食和科学的膳食宝塔,来了解均衡膳食的意义和方法,能根据科学教材中膳食宝塔及营养专家提出的10岁左右学生的午餐所需热量和脂肪要求,应用数学的估算策略和搭配方法,综合现实情况,设计完善一周的营养午餐菜谱,经历合理搭配膳食的过程。项目完成后并不是结束,作为后续活动,让学生继续根据所学的知识和掌握的方法,利用信息技术,根据校内午餐情况和个人情况调整家中饮食安排。

具体活动过程如下:

1. 提出问题,设计活动方案

师:同学们,告诉大家一个好消息,学校请你们设计一周的午餐食谱,并会按照你们的设计提供午餐。你想怎样设计呢？要考虑哪些因素？

很多学生列举出了自己爱吃的各种菜肴，也有的同学提出还要注意营养。

师：是的，除了满足自己的喜好，还要考虑营养问题呢，你知道哪些有关营养的知识？

生：……（大部分学生都知道要少吃"垃圾食品"，注意荤素搭配，但具体怎么设计不太清楚。）

师：怎样安排午餐更营养？你打算怎样解决这个问题？

生1：去查阅有关营养饮食的资料。

生2：然后根据资料，选择大家喜欢又营养的菜进行搭配。

师：好，就按你们的想法，我们先调查同学们喜欢什么样的午餐，为什么；再统计分析，搜集资料；最后根据信息和资料设计周菜谱。

2. 按照方案设计完成任务

（1）结合科学教材、查阅网络及书籍中资料，更新、完善教材中的营养知识，小组合作制作PPT或小报展示。通过这一活动过程和成果展示，观察、分析、评价每个学生的表现，并提出合理建议，以促个性发展。同时培养学生团队合作意识和能力，并对团队合作情况进行评价，以促进合作能力的提升。

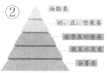
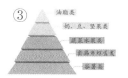

（2）设计"我"的膳食宝塔。通过汇报交流，了解食物中的营养及其作用，讨论明确没有一种食物富含所有营养，所以我们要摄入多种食物。接下来讨论如何做到营养均衡？根据所掌握资料制作"膳食宝塔"，并说明设计理由，各组发表意见（教师根据学生发言，利用白板的拖动功能完成膳食宝塔，保存每组的设计，最后对比分析）。最终出示中国营养学会制定的"膳食宝塔"并和"我的膳食宝塔"作对比。不论学生制作的膳食宝塔是否与之相同，学生能给出合理解释便给予肯定，这一过程是学生对既有经验和知识的综合分析和应用,也是对学生解决问题能力的一种锻炼。在此过程中,学生学会思考,也学会质疑和接纳。

追问:你们组认为应遵循的膳食营养搭配原则是什么?其他组有补充或调整吗?

把学生的回答整理到课件中,最后教师利用图片和文字说明进行适当补充,一起总结出膳食营养搭配原则。

小明比较肥胖,经常生病,以下是他三天的饮食,结合你掌握的知识,你有什么想对他说的?

	第一天	第二天	第三天
早餐	肉丝面	鸡蛋、牛奶、油条	猪肝面、鸡蛋
午餐	红烧鱼、排骨汤、大米饭	红烧大排、大米饭、狮子头	梅干菜扣肉、鱼香肉丝、米饭
晚餐	瘦肉粥、炸鸡腿	炸翅中、糖醋里脊、排骨面	白切鸡、北京烤鸭、馒头

(3) 设计出一份符合现实情况、符合营养均衡原则的一周午餐菜谱。

① 针对我们小学生的午餐营养,专家还提出了其他建议,一起来看:

针对10岁左右儿童专家提出的建议:10岁左右的儿童从每顿午餐中获取的热量应不低于2 926千焦,脂肪应不超过50克。

② "有什么方法让我们很快找到喜欢又符合标准的搭配呢?最后我们还要评出最受欢迎的五种搭配作为我们下周的午餐食谱。"学生带着问题思考,教师根据学生统计数据选出他们最喜欢的7道荤菜,并适当补充了部分素菜。

我校午餐中各食物热量、脂肪、蛋白质含量表

编号	荤菜	热量/千焦	脂肪/克	蛋白质/克
A	油爆虾	954	10.5	22.5
B	肉饼蒸蛋	2 397.5	46.5	18
C	炸鸡翅中	1 832	25.5	30
D	红烧大排	1 757	28.5	21
E	梅干菜扣肉	1 447.5	125.5	15
F	宫保鸡丁	1 237.5	116.5	21
G	肉末粉皮	3 963	137.5	9

编号	素菜	热量/千焦	脂肪/克	蛋白质/克
1	家常豆腐	1 020	16	13
2	香菇油菜	911	11	7
3	红烧茄子	455	6	2
4	红烧素鸡	920	6	7.5
5	番茄冬瓜汤	69	0.6	0.6
6	胡萝卜娃娃菜	120	0.3	1.5
7	胡萝卜杏鲍菇	773	9	15
8	胡萝卜炒包心菜	187.5	3	3
9	黑木耳胡萝卜炒山药	408	4.5	3

编号	其他	热量/千焦	脂肪/克	蛋白质/克
10	梨	420	0.5	0.8
11	苹果	452	0.5	0.5
12	香蕉	760	0.5	2

热量应不低于 2 926 千焦,脂肪应不超过 50 克

搭配编号	热量/千焦	脂肪/克	蛋白质/克
米饭	486	0.3	3
合计			

③ 如何知道每种菜肴中所含热量、脂肪和蛋白质呢?有学生提出利用网络资源查找资料,并提出利用信息技术将各数据转换单位,学生还发现按学校提供的午餐一荤一素加上米饭,热量也达不到要求,原来网上提供的数据是每 100 克食物的营养含量,学校提供的是 150 克的量,所以还需要转换计算。学生一起讨论计算出 150 克米饭所含的营养含量后,教师直接在 Excel 中拖拉公式,直接将所有数据进行了转换。

④ 根据教师提供数据结合专家建议及营养均衡搭配原则,孩子们立刻想到了荤素搭配,根据自己的喜好及科学搭配原则,利用估算策略进行搭配,搭配过程中孩子发现要选喜欢的还得符合要求有时会差那么一点点,经常脂肪符合要求了,热量又不太够,教师适时指出:学校每周会有两天提供水果,我们中餐热量不足时可以用水果补充,同时,教师提供了几种水果的营养含量数据。学生最终把每组搭配出的午餐汇总到 Excel 表格中,根据小组汇报教师复制粘贴数据,粘贴完成也在相应的位置计算

出各营养总含量(表格中提前插入了公式),然后总览所有搭配方案,发现每组都搭配了水果,教师有点犯难,立刻有学生举手:"我们平均每顿午餐餐费9元,如果每天都有水果可能会超支,学校每周两天给搭配了水果,我们可以根据这个做些调整。""这里素菜有重复,最好各种菜都能吃到,所以尽量不重复为好。"带着这些问题我们重新做了调整,之后请孩子们贴纸投票,选出全班最受欢迎的5种午餐搭配合成一周菜谱。

学生能综合科学知识、数学方法设计出各种搭配,并根据学校现实情况及营养搭配原则进行调整。在不断地评价自我、发现问题、思考并解决问题的过程中,一周午餐菜谱初见雏形。这是全班学生合作的结晶,学生为自己的成果无比开心。菜谱请校营养师评价后得到了采用,这就是对他们的肯定,学生获得了成功的体验。

(4)根据校内午餐合理调整家中饮食安排。再次回到主题:营养要均衡,还要结合校内午餐及个人情况合理安排早餐、晚餐,最后给学生提供营养小贴士作为拓展,提供相关网址作为辅助资源,请学生根据所学知识评价家中饮食安排,并进行调整。

检验、评价自己是否能够综合解决这个问题,如果不能,该寻求怎样的帮助,如果设计好了,是否可以进行自我评价,这都是对学生自主学习能力及解决问题能力的培养。

新的教育形式及时代发展,要求我们带给学生的不只是知识,更有思想方法的学习应用;不只是结论及应用,而是某些思维方式。项目化学习基于真实情境,真正以生为本,这样的学习是自然发生的,由"老师让我学什么"转变为"我想学什么"、"我要怎么学"。一切都是根据学生自己的需求指引着学习方向,学生学到的不只是一个简单的结论,而是最重要的思维方式。期望在我们的努力下,学生综合解决问题的能力有所提升,人人获得一定的发展。

(杭州市京都小学　贾小双)

5. 学习过程——还原认知过程

5.1 在情境体验中建立联系 / 94
5.2 在应用操作中迁移创造 / 97
「故事十三」小礼物中的大过程 / 99
「故事十四」由一堂语文与美术整合课想到的：
体验·经历·经验 / 103

在跨学科课程的实施中，基于真实性学习的理念，单有真实的问题情境还不够，教学还应该为学生的学习创造符合真实的学习过程，激发学生的好奇心和探究欲，充分调动学生的生活体验，使其建构完整的思维流，从而培养学生解决真实问题的专家素养。

京都小学在进行跨学科课程的教学设计时借鉴了麦卡锡所提出的"学习循环圈"模式（如图2.20所示）。"学习循环圈"模式就好比一个时钟，以"感知信息"和"加工

图2.20 "学习循环圈"模式

信息"为经纬,学习经历了一个"直接体验"(12:00)→"反思学习"(3:00)→"抽象概念"(6:00)→"行动学习"(9:00),进而周而复始的完整自然循环,也称为自然学习设计模式。在这样的教学和学习模式下,教师为学生提供真实的问题情境,帮助学生在体验中建立新知与旧知、学科与学科、学习与生活之间的联系,并通过应用和创造,将所学知识和技能迁移到真实生活中,这也充分体现了真实性学习所强调的"为真实而学"、"在真实中学"。按照这一模式,教学设计的过程可以分为四部分:体验、新知、应用、创造。由于体验与新知往往在课程中结合非常紧密,而应用和创造也常常不可分离的,以下将它们两两结合加以进一步的说明,并以"礼物巧包装"这一课程的设计和实践为例进行分析。

5.1 在情境体验中建立联系

基于真实性学习理念的跨学科课程十分强调学习内容与生活之间的联系。在体验环节中,教师应创造贴近生活的情境,让学习者明白"为什么"要学习新知识,"当学习者参与到他们认为在现实生活中是有用的学习活动和文化上与自己密切相关的学习活动时,学习效果最佳"[1]。而当学生意识到学习新知识的意义后,他们才能调动学习的动机,从而推动接下来的学习,正如麦卡锡所强调的,"如果教师在象限1(见图2.20)无法激起学习者的学习动机,那么他们在之后的学习中将会毫无收获"[2]。

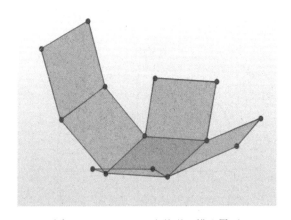

图2.21 Shapes-3D立体学习模型界面

---

[1] 盛群力,马兰.现代教学原理、策略与设计[M].杭州:浙江教育出版社,2006:152.
[2] McCarthy, B., & McCarthy, D. Teaching around the 4MAT cycle: designing instruction for diverse learners with diverse learning styles [M]. 2006: 24-25.

此外,通过情境中的体验,学生可以充分调动自己的生活体验,建立旧知与新知的联系,从而进行有意义的知识建构。总之,在跨学科课程中,首先需要解决的是"为什么"、"是什么"这两个问题,也就是"体验"和"新知"这两部分的内容,通过情境的体验,学生在调动生活体验和激发动机的同时,建立起新知与旧知、学科之间、学习与生活之间的联系,这为接下来的应用和创造奠定基础。

在"礼物巧包装"这一课中,教师在课前五分钟让学生使用 iPad 中的"Shapes-3D 立体学习模型"进行长方体和正方体的展开图的探索,对教材上的相关内容进行拓展。"Shapes-3D 立体学习模型"是一款专门为支持教师课堂教学、学生自学探索三维立体的应用工具。如图 2.21 所示,它直观的呈现方式提供了传统工具所不能呈现的事物的可能性,不仅能够帮助学生直观快速地体验立体图形与平面图形的多种转换,还能够帮助提高学生在数学课堂上的兴趣和热情。

上课时首先由美术老师抛出一个真实情境。

师:在平时的生活中,老师发现大家会在节日里亲自制作礼物赠送给小伙伴和师长。礼物不仅能表达我们的心意,还能加深我们彼此的情感。如果收到礼物的人看到你的礼物包装得很精美的话,相信他会更加开心。过几天我们班小明同学妈妈的生日就要到了,小明同学想给妈妈送上一份亲手制作的礼物,但是他包了好几次,怎么都包不好,你们看(呈现图片),他的礼物有什么地方需要改造的?

生 1:第一个的包装纸太小了,所以没把礼物都包进去。

生 2:少了一些装饰,颜色也不好看。

生 3:第二个的包装纸太大了,一些边边角角就很不平。

生 4:我觉得还少了卡片。

通过这样的情境导入,学生会发现,礼物包装中既需要解决包装纸大小的问题,还需要运用美术来加以美化,也需要语文的书面表达等,学生会从中意识到为什么要学习这些知识,以及这些知识与实际生活的联系,进而调动学习的动机和兴趣。而由于数学的长方体和美术的色彩搭配是学生已经有所接触的知识,教师可以通过进一步的引导,帮助学生建立新旧知识的联系。如美术老师通过展示几份礼物包装的图片,帮助学生在已学的同类色、对比色和邻近色的概念的基础上回顾概念以及理解三种搭配的不同。

师:假如你收到了这样一份礼物(第一张礼物图),它的色彩搭配是这样子的,你会有什么样的感受?

生:我会觉得非常高兴,惊喜。

师:那礼物的色彩搭配给你什么感觉?

生:它是同类色,看起来比较柔和。

师：是的,(第二张礼物图)那假如你现在收到的礼物色彩搭配是这样的,你会有什么感觉?

生：鲜艳耀眼。

师：还有呢?为什么会觉得非常鲜艳耀眼?

生：因为这个礼物包装用了对比色。

师：这个用到的是什么颜色?

生：深蓝色和浅蓝色。

师：有同学能再跟我说下对比色和邻近色的区别吗?

生1：对比色在色相环上应该是180度对应的。

生2：邻近色指的是在色相环上相隔得会比较远,但是还不到180度的两种颜色搭配。

师：是的,我们可以看到,第一个礼物用的是深蓝色和浅蓝色的搭配,相比之下更为接近,所以可以把它归为是同类色,而这第二个其实是深蓝色和有点偏绿的蓝色,它们在色相环上相隔得更远,所以我们可以把它归纳为什么搭配?

生：邻近色。

师：那收到这样的礼物,你感受是怎样的?

生：邻近色感觉很协调。

师：(放出第三张礼物图片)那如果你现在收到的是这样一份礼物呢?你跟刚刚的那两个会有不一样的感受吗?

生：我感觉它的色彩对比很强烈。

师：它用到的是什么颜色?

生：它用到了红色和蓝色,是对比色。

师：那么这样三种色彩搭配的礼物,你们觉得它比较适合送给哪些对象?

生1：第三个色彩对比比较强烈,感觉很活泼,我觉得适合送给跟我们年龄相近的,比如好朋友,或者弟弟妹妹。

生2：第一个那个颜色比较柔和,我觉得可以送给稍微年长一点的。

可以发现,在教师的引导下,在"礼物包装"情境中,学生自然而然地回顾了色彩搭配的概念,并且理解了不同色彩搭配的效果的不同,既建立了旧知与新知的联系,又建立了学习与生活的联系。

而数学老师在引导学生建立已学的长方体的知识和展开图之间、礼物的展开图与礼物的包装纸之间的关系时充分应用了信息技术和相关教具,先让学生进行体验,之后观看关于礼物包装方法的微课视频,对各个对象的关系进行了联系,为接下来的动手操作任务奠定基础。

师：刚才你们在 iPad 上看到了，长方体的展开图大概有这么几种，但是商店里老板给你的，会是这么一张长方形的纸，而且大大小小不一样。那我们想一下，这个长方形的纸跟这个展开面有什么关系？我去购买这个纸，到底要多大的？你们小组同学间先自己探讨一下。

（学生用草稿纸对拼出来的餐巾纸造型尝试进行包装）

师：不少同学都认真地在操作和讨论，但大家会发现，不同的包装方法需要用到的包装纸大小其实是不一样的。李老师在课前也对不同包装方法进行了探索，发现以下这种方法应该是最简单和比较节约的，让我们一起来观看视频，看看她是怎么包装的。

（播放视频）

师：通过刚刚这个视频，我们再联系一下这个长方体的展开图。刚刚视频里李老师用的是一张长方形的纸，来观察一下，这个展开图跟包装纸的哪些数据是有关系的，有没有人找到，想想刚刚的那个视频。

（学生上台在白板边一一指出立体图上的长宽高与展开图和包装纸上对应的线段）

师：那么现在这个长方形包装纸的长和宽，你能根据你的礼物去算吗？

生：可以。

师：那么要知道这些数据，你需要知道长方体礼物的哪些数据？

生：长宽高。

由于长方体的展开图对于刚刚接触立体图形的学生来说是一个难点，通过包装礼物这一情境，学生在自己动手探索后，在教师运用的 iPad、交互式白板、微课视频等信息技术工具的支持下，对长方体的长宽高和展开图的关系进行了联系，既加深了对长方体的认识，也学会了如何去选择合适的包装纸。

5.2 在应用操作中迁移创造

在通过"体验"和"新知"环节解决了"为什么"和"是什么"之后，紧接着就是要通过"应用"、"创造"环节解决"应怎样"和"该是否"这两个问题。在应用环节中，教师主要扮演"辅导者"的角色，为学生提供充分的思考、动手练习的机会。正如麦卡锡所强调的，教师设计的联系不能脱离情境，而是应该让学生在基于生活的完整任务中完成练习[1]。在教师提供的真实情境和真实任务中，学生通过实践将所学知识转化为个

---

[1] 转引自盛群力,陈彩红.依据学习循环圈的性质施教——麦卡锡的自然学习设计模式评述[J].课程教学研究,2013(1)：25—32.

人技能,充分体现学以致用,而在这样的个人练习和尝试中,学生也能不断完善自身的知识结构。在创造环节中,学生在教师的鼓励下将所学知识迁移到真实生活中,并创造性地融入个人特色,同时可以对自己的成果进行反思和分享。

在"礼物巧包装"一课中,经过了"体验"和"新知"环节,学生在真实情境中被激发了兴趣和动机,在美术上回顾了色彩搭配的知识,理解了不同色彩搭配的效果,在数学上提高了对长方体及其展开图的理解,建立了礼物的规格与包装纸规格的关系,通过视频学习了礼物包装的基本技巧后,紧接着就进入了"应用"和"创造"的环节,开展包装礼物的小组合作任务。为了减少学生在任务中的"弯路",教师还结合了生活常识对礼物放置方式、预留空间等细节部分进行了如下辅导。

师:那么刚刚李老师是把礼物放平了包,有没有同学想把礼物竖起来包?你们会选平躺的还是竖起来的?

生:平躺着的。

师:为什么?谁知道?

生:感觉。

师:来自生活经验对吧,竖着的会不太稳。但你还可以再想一下,竖着的按照刚刚同样的方法展开后,它的展开图是什么样的?有没有同学可以上来画一画?画完之后把这个展开图补成包装纸的形状,也就是一张长方形,并跟大家解释一下。

生1:(学生在白板上画出展开图和长方形)把竖着放的长方体的展开图空缺部分补上后,那些空缺的地方也就是浪费掉的地方比刚刚平着放的要大很多,也就是说这样包会很浪费纸。

生2:也可以从补完后的长方形来比较,很明显,竖着放的展开图补完后形成的长方形比平着放的展开图补完后形成的长方形要大很多,也就是按照这种包装方法,竖着放需要用到的包装纸会比横着放需要的包装纸大很多。

师:是的,两位同学都解释得很好!那么待会大家就把礼物最长的当作长,把最短的当作高,另一条就是宽,这样包既会好包一点,也会比较节约。

师:大家刚刚看到视频,李老师还要用双面胶粘起来,如果按我们刚刚说的那些数量对应这样取包装纸,你们待会有粘的地方吗?

生:没有。

师:那怎么办?

生:得稍微大一点。

师:得预留一点,那待会上面大家多留出2厘米,用来粘双面胶的。现在这个纸的长和宽你们能不能算出来了?

生:可以。

师：你去商店,会跟老板说你要买 50 平方厘米的纸吗?

生：不会。

师：你会怎么说?

生：买长多少宽多少的纸。

师：是的,所以待会只要算出这个纸的长和宽就行了,不需要算面积哦。李老师暂时做一下商店老板,大家看! 李老板只有这么六种规格的包装纸,等下你们要根据自己小组的礼物去量一量,先在草稿纸上进行记录和计算,最后再到老板那里挑选合适颜色和规格的包装纸以及彩带。请有序排队,动作要快,迟了的买不到材料,我们也不会帮你的哦。

在对容易出错的细节部分进行引导后,教师引入了"去商店挑选包装纸和彩带"这一真实情境和真实任务,将课堂交给了学生。小组合作这一环节在时长 1 小时的一节课中用时 30 分钟,足以看出其在本节课中的重点地位。在小组合作和动手操作中,学生充分运用了之前的数学和美术上的所学知识和技能,同时又在卡片的美化和其他装饰上充分发挥了自己的创意,最后呈现出了一个个包装精美的礼物成品。

在最后的展示环节里,每个小组的代表对自己小组合作的情况、包装的颜色搭配、赠送对象进行了介绍,也有代表对自己小组在包装过程中的不足之处进行反思和总结,分享获得的感悟和启示,而教师也会在其展示的过程中针对其创新之处进行鼓励和表扬。可以发现,在这样的"应用"和"创造"环节中,学生展现了充分的兴趣,积极投入,不仅进行了知识和技能的理解、迁移和运用,提高了解决实际问题的能力,还慢慢养成了乐于思考、沟通交流、肯定和赞赏别人等良好品质,而这些都是教师在跨学科课程中所需要评估的。

"礼物巧包装"这节跨学科课程完整地呈现了"体验—新知—应用—创造"这一完整的真实自然的学习过程。京都小学目前已在五年级的两个班级展开了该课的教学。通过对课堂实录的主干进行提炼,形成了该课的教学过程图,如图 2.22 所示。通过学生的状态、课堂的氛围,可以初步预测到课程的良好效果,而这也在后续的教师和学生访谈中得到验证。

[故事十三] 小礼物中的大过程

2016 年 12 月,京都小学悄然酝酿着第四轮跨学科教学实验,作为一名"未出茅庐"的大四学生,我有幸加入了其中。在看着教材苦思冥想后,我犹如抓住"救命稻草"般地捕捉到了"礼物包装"这个结合点,和几个同学简单筹划后便风风火火带着礼物包装的各种材料来到京都小学五年级四班,有模有样地当了一回小老师。这次课

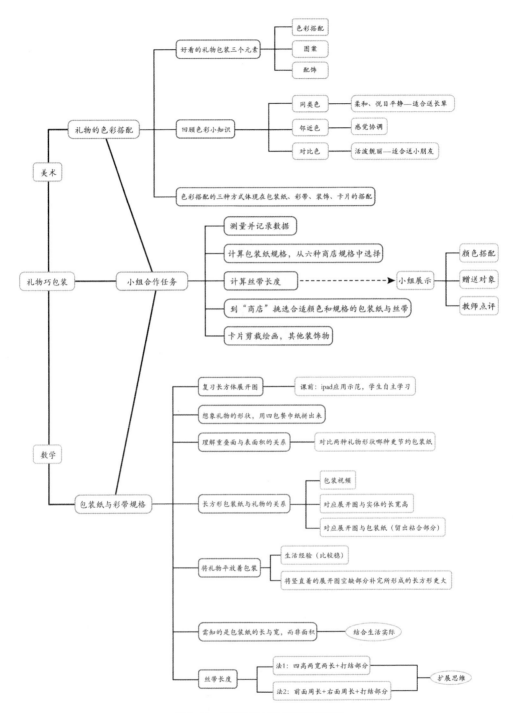

图 2.22 "礼物巧包装"教学过程图

上我们首先以即将到来的新年为由,带领小朋友们在新年歌里做热身运动,紧接着以惯用的套路"新年就要来了,我们大家可能都会给身边的家人朋友送礼物"引出了"礼物包装"这一主题,将教学重点定在了让学生自主探索并理解多个物体组合后的重叠面大小和表面积大小之间的关系,在这个过程中美术只是作为学生动手操作的一个承载体,由老师讲授礼物包装的一般步骤,学生进行操作,没有更加具体的知识和技能目标。而对于数学的应用主要体现在计算礼物的表面积、所用包装纸的面积和彩带的长度。

  课后,在刘徽老师和莫春燕老师的指导下,我们对这门课也进行了总结和反思。该课设计的优点在于:任务与课本内容建立了密切联系,通过实际应用让学生加深对长方体的认识,理解生活中包装所用的材料面积会因为有所损耗或重叠而大于表面积,还能通过探究重叠面与表面积的关系拓展学生的空间思维,以及培养学生节约资源的习惯和品质。然而不足之处也是十分明显的,比如缺乏具体的知识和技能目标的美术在其中显得十分空洞和形式化,在具体包装中对礼物的表面积和包装纸的面积进行计算不符合实际生活情境,强调美观和强调节约资源两者存在矛盾等。这些不足其实都指向了一个共同的问题——学生的学习过程并不是自然的,更不是真实的。这样的课堂看似丰富热闹,实则可能对于学生的真实性学习毫无助益。

  之后的三四月份,我来到京都小学实习,恰逢李智佳老师(美术)和黄素平老师(数学)正在对这堂课进行改进。一天午饭期间,洪校长、李老师和我边吃边聊,李老师提到五年级之前学生学过色彩搭配,洪校长立即表示这其实在礼物包装中大有用武之地,而后我们立马找来了相应的美术教材,惊喜地发现这其实就是学生开展真实性学习的一个切入点。经过仔细斟酌和研讨,我们在之后进行了如下调整:①在美术上引入"色彩搭配"的知识点;②加入"长方体展开图"这一既有助于帮助理解立体图形、又能应用于真实任务的知识点;③取消计算表面积和包装纸面积这一不符合实际生活情境的部分;④将多个物体组合后的重叠面与表面积的关系这一原来的重点进行弱化;⑤为了提高任务的真实性和挑战性,将课堂假设为"商店",将教师假设为商店售货员,学生要根据自己礼物的规格去"商店"里挑选合适颜色和规格的包装纸、彩带和卡片,然后包装礼物成品。

  确定好这些调整后,我们依据麦卡锡所提出的"学习循环圈"模式,将教学设计的过程分为体验、新知、应用和创造这四部分,其中体验与新知往往在课程中结合非常紧密,应用和创造也常常不可分离。

  在体验和新知这部分,首先需要解决的是"为什么"和"是什么",重点要让学生通过情境中的体验,充分调动自己的生活体验,建立旧知与新知、学科之间、学习与生活之间的联系,从而进行有意义的知识建构。因此在具体的教学过程中,主要先由美术老师抛出真实情境,通过这样的情境的导入,学生会发现,礼物包装中既需要解决包装纸大小的问题,还需要运用美术来加以美化,以及语文的书面表达等,从而意识到为什么要学习这些知识,以及这些知识与实际生活的联系,进而调动学习的动机和兴趣。而由于数学的长方体和美术的色彩搭配是学生已经有所接触的知识,我们认为这里应该通过引导帮助学生建立新旧知识的联系。如在"礼物包装"情境中美术老师通过展示几份礼物包装的图片,帮助学生在已学的同类色、对比色和邻近色的概念的基础上回顾概念以及理解三种搭配的不同,既建立了旧知与新知的联系,又建立了学习与生活的联系。而数学老师在引导学生建立已学的长方体的知识和展开图之间、礼物的展开图与礼物的包装纸之间的关系时充分应用了信息技术和相关教具,先让学生进行体验,之后观看关于礼物包装方法的微课视频,对各个对象的关系进行了联系,为接下来的动手操作任务奠定基础。

师:在平时的生活中,老师发现大家会在节日里亲自制作礼物赠送给小伙伴和师长。礼物不仅能表达我们的心意,还能加深我们彼此的情感。如果收到礼物的人看到你的礼物包装得很精美的话,相信他会更加开心。过几天我们班的小明同学的妈妈的生日就要到了,小明同学想给妈妈送上一份亲手制作的礼物,但是他包了好几次,怎么都包不好,你们看(呈现图片),他的礼物有什么地方需要改造的?

生1:第一个的包装纸太小了,所以没把礼物都包进去。

生2:少了一些装饰,颜色也不好看。

生3:第二个的包装纸太大了,一些边边角角就很不平。

生4:我觉得还少了卡片。

在应用和创造这部分,应该解决的是"应怎样"和"该是否",前者的重点在于让学生通过实践将所学知识转化为个人技能,充分体现学以致用,并不断完善自身的知识结构,后者的重点在于学生将所学知识迁移到真实生活中,并创造性地融入个人特色,同时对自己的成果进行反思和分享。在真实性学习理念的引领下,老师们设计了"去商店挑选包装纸和彩带"这一真实情境和真实任务,将课堂交给了学生。在小组合作和动手操作中,学生充分运用了之前的数学和美术上的所学知识和技能,同时又在卡片的美化和其他装饰上充分发挥了自己的创意,最后呈现出了一个个包装精美的礼物成品。在最后的展示环节里,每个小组的代表对自己小组合作的情况、包装的颜色搭配、赠送对象进行了介绍,也有代表对自己小组在包装过程中的不足之处进行反思和总结,分享获得的感悟和启示,而教师也会在其展示的过程中针对其创新之处进行鼓励和表扬。通过观摩课堂,我们惊喜地发现,在这个环节中,学生展现了充分的兴趣,积极投入,不仅进行了知识和技能的理解、迁移和运用,提高了解决实际问题的能力,还慢慢养成了乐于思考、沟通交流、肯定和赞赏别人等良好品质。

通过一次次的观摩和研讨,这堂课的教案几经调整和改进,但在学习过程上始终贯彻"还原学生认知过程"这一原则和理念,它犹如灯塔般穿过层层迷雾,指引着我们前行的方向……

(浙江大学教育学院　杨佳欣)

[故事十四] 由一堂语文与美术整合课想到的:体验·经历·经验

时下,关于学科整合的话题已是教育界关注和谈论的热点,也是众多教育人和学科教师不断尝试和探索的课题。京都小学自2015年3月以来,就在研究基于国家课程的跨学科整合。经过不断的学习、实践、反思、调整,最终步入真实情境下的跨学科学习,取得良好的整合效果。我有幸参与其中,或者自己执教,或者指导年轻教师上课。在几轮跨学科统整实验中,我逐渐明确学科整合旨在通过多门学科资源的介入,有效地化解问题,更好地达成教学目标,并在问题探究的过程中全面培养和训练学生的学习能力和综合素养。

学科整合不是简单的学科叠加,而是要解决一个真实性问题,切实发挥不同学科资源的效能和作用。2018年6月,我的徒弟虞子赢老师和李智佳老师综合了语文与美术学科,上了整合课"如何把握人物特点进行漫画创作"。第一次教学中,先语文老师虞子赢上场,带领学生学习课文《金钱的魔力》,从阅读感受"托德扭曲变态的脸"到感悟作者的"用夸张的手法进行讽刺"的写作风格,然后揣摩老板这个人物形象,悟得作者运用重复、毫无伦次的语言描写展现老板的"见钱眼红",感受语言中透露出的讽刺意味。无论是肖像描写还是语言描写均运用夸张的表现手法,由此达成语文课学习目标。接着,自然衔接到画人物漫画也需要运用夸张的表现手法。这时,美术老师上场教学如何根据人物特点进行漫画创作,让学生对老板这个人物进行漫画形象的创作。

一小时的长课观摩后,大家都觉得这节整合课不是真正意义上的整合,究竟哪里出了问题?经过讨论交流,原来"知、行、为"三级课程目标中"知"确立就出现了问题,为什么而学?没有一个真实性问题的提出,只是叠加了语文课和美术课,学科间仍是相邻关系,它们彼此之间还没有效融合,未组成为一个有机的整体,好比一盘水果沙拉,不同种类的水果只是被沙拉酱混合在一起而已。而跨学科整合课需要从真实生活中的问题出发,强调"做中学"、"学中做"的教学理念,开展基于真实问题情景下的探索式学习。美国国家科学院专门指出:只要不是仅仅把两门学科粘在一起创造一个新产品,而是思想和方法的整合、综合,那就是真正的跨学科。

这堂整合课的真实性问题是什么呢?在洪俊校长的指导下,两位老师将学习主题定为学校艺术节要进行漫画展,怎么画漫画呢?由此学生产生了真实性的问题。通过课文中的语言学习,提炼出人物特点,加上美术老师的指导,将人物特点用漫画形式表现出来,更多的研究任务落实到学生的合作与探究中,就能凸显跨学科整合的特点。教学目标修改为知识目标:通过欣赏和揣摩,感悟文学作品和美术作品中有关漫画夸张的表现形式。技能目标:(1)学生通过对漫画的学习、理解、体验和创作,初步掌握漫画的基本表现手法。(2)学生发展出对文本和对生活的观察能力、鉴赏能力、想象能力、创新思维能力。情感目标:了解生活中的幽默因素,学生发展开朗的个性,并通过观察与思考来明辨是非的能力、正确的审美情操,幽默的生活情趣和创新精神。

两位老师根据各科课程标准和学生的兴趣尽可能地拓宽和丰富学生关于"漫画"的认知,并最大限度地鼓励学生参与和创造,通过"体验·经历·经验",让学生感受"夸张"的表现手法既存在于文学作品中,又是漫画创作不可缺少的表现手法,启发学生感悟课文的细节描写,明确漫画与夸张的关系,并用夸张的漫画语言来表达。在这个过程中,感受漫画带来的乐趣,体验漫画的表现力,运用基本的漫画语言来简单地进行漫画创作。综合提升学生的阅读与倾听、探索与整合、思辨与表达、审美与创造等能力。培养学生开朗的个性,并通过观察与思考来明辨是非的能力。

我们的跨学科整合就是开展基于真实问题情境下的探索式学习。教师为学生创设情景,学生利用多门学科知识积极探索,培养发现、分析和解决问题的能力。真实问题成为贯穿整个学习过程的主线,把核心问题转化为一系列的学习任务,学生通过实践探索,达到对知识的意义建构和深层次理解。学生通过自主、协作和创造性地应用多门学科知识,解决实际问题提高能力。此外,在学习过程中,教师还要为学生创设不同的问题情境,通过在多种情境下的迁移运用,培养学生的发散思维和创新思维,进一步巩固和深化所学知识,达到深度学习的层次。

学科整合是时代发展的必然,也是新时期教师的必备素质和教学的努力方向。唯有坚持学科整合,我们的教学才会有真正的突破,并实现新的生长和跨越。

(杭州市京都小学　杨莉华)

第三编: 跨学科案例

1. 神机妙算——用 Scratch 出数学题

```
1.1  教学主题概述 / 107
1.2  教学目标分析 / 109
    1.2.1  大概念 / 109
    1.2.2  知行为教学目标 / 109
    1.2.3  教学重难点分析 / 109
    1.2.4  教学评价设计 / 110
1.3  教学过程 / 110
    1.3.1  问题情境 / 111
    1.3.2  导入问题 / 111
    1.3.3  任务布置 / 111
1.4  拓展活动 / 112
```

1.1 教学主题概述

★ **教学主题**

本堂跨学科整合课以"用 Scratch 出数学题"为主题,整合了四下数学中的运算定律,用 Scratch 中的链表制作一个口算出题器的程序。通过编程实现口算练习,让学生巩固简便计算的同时,感受到 Scratch 编程应用到现实的学习生活中的重大意义,从而激发学生创作具有现实意义的程序作品的兴趣。

★ **主题归属**
- 地域文化特色点
- 教材内容相通点
- 学生生活兴趣点

★ **涉及学科领域**

信息技术:《Scratch 培训手册》第 10 课"在 Scratch 中使用链表"

数学：人教版小学四年级下册"运算定律"

★ 相关学科课程标准描述

学科	学段	描述
信息技术	第二学段	1. 建立对计算机的感性认识,了解信息技术在日常生活中的应用,培养学生学习使用计算机的兴趣和意识。 2. 初步学会使用网络获取信息与他人沟通;能够有意识地利用网络资源进行学习发展个人的爱好和兴趣。
数学	第二学段	**知识技能：** 经历数据的收集、整理和分析的过程,掌握一些简单的数据处理技能;能选择合适的估算方法或借助计算器解决简单问题。 **数学思考：** 进一步认识到数据中蕴含着信息,发展数据分析观念;在观察、实验、猜想、验证等活动中,发展合情推理能力,能进行有条理的思考,能比较清楚地表达自己的思考过程与结果;会独立思考,体会一些数学的基本思想。 **问题解决：** 尝试从日常生活中发现并提出简单的数学问题,并运用一些知识加以解决;能探索分析和解决简单问题的有效方法,了解解决问题方法的多样性;经历与他人合作解决问题的过程,尝试解释自己的思考过程;能回顾解决问题的过程,初步判断结果的合理性。 **情感态度：** 愿意了解社会生活中与数学相关的信息,主动参与数学学习活动;在他人的鼓励和引导下,体验克服困难、解决问题的过程,相信自己能够学好数学;在运用数学知识和方法解决问题的过程中,认识数学的价值;初步养成乐于思考、勇于质疑、实事求是等良好品质。

★ 思维导图

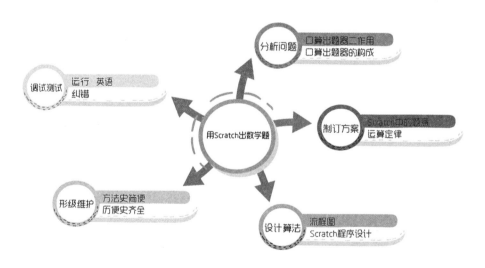

★ 教学年级

四年级

★ 教学时长

40 分钟

1.2 教学目标分析

1.2.1 大概念

计算机编程是给出解决特定问题程序的过程。在这个过程中,需经历分析问题、确定问题、设计算法、编写实现、调试测试、升级维护等环节。

1.2.2 知行为教学目标

★ 知

(1) 知识点

数学中的运算定律、简便运算法则;

Scratch 中的链表、"询问"、"回答"指令。

(2) 学科概念

运算能力、问题解决与知识应用能力;

计算思维、数字化学习与创新。

(3) 跨学科概念

合作、系统、相互联系、多样性。

★ 行

(1) 学科技能

运用运算定律实现简便计算,在 Scratch 中合理地将人类思维转化为机器语言,实现程序设计。

(2) 跨学科技能

提出问题、分析问题、解决问题。

★ 为(情感、态度、价值观)

(1) 感受运算定律给计算带来的方便之处。

(2) 感受 Scratch 程序应用于学习或生活的重大意义。

(3) 激发学生学习 Scratch 编程的兴趣。

1.2.3 教学重难点分析

重难点:通过 Scratch 中链表功能的学习,能够将运算定律合理地整合到链表元素中,并实现口算出题器程序的编写。

设立该知识点为重难点的原因：链表为新授内容，且口算出题器程序的编写需要有较强的逻辑思维能力，学生较难掌握。

突破该重难点的方法：将整个程序设计过程转化为流程图，在每一步的任务中始终结合流程图引导学生思考、分析，突破重难点。

1.2.4 教学评价设计

（1）评价活动

链表中的题目和答案设计、"题目"和"答案"两张链表的创建、口算出题器的脚本编写。

（2）评价方式

自评、互评、师评。

（3）评价标准

《用 Scratch 出数学题》学习成果评价量规

评价项目	评价标准及等级描述	自评	互评	师评
口算题目的设计	★★★：题目难度适中且能运用运算定律实现简便计算，答案正确。 ★★：题目与答案相对应，但没有较好地结合运算定律。 ★：题目不符合学情，不能结合运算定律实现简便计算，答案错误。			
Scratch 中的链表设计	★★★："题目"和"答案"这两张链表命名规范且数据填充正确。 ★★："题目"和"答案"这两张链表没有很好地反映所设计的数学题。 ★："题目"和"答案"这两张链表命名不规范，数据错误。			
口算出题器的脚本设计	★★★：程序能按照链表中的数据依次出题并对答题者输入的回答判断正误，脚本代码清晰可读。 ★★：程序能按照链表中的数据依次出题并对答题者输入的回答判断正误，脚本代码凌乱不易读。 ★：程序不能正常运行，代码凌乱不易解读。			
作品整体美观度、创意度	★★★：作品界面美观大方，作者能适当融入创意。 ★★：作品界面一般，创意一般。 ★：作品界面不美观，没有创意。			

1.3 教学过程

★ 体验(5分钟)

1.3.1 问题情境

期末考试即将到来,与同学们一样,动物学校里面的小动物们也正在进行紧张的期末复习。大家的好朋友小猫"喵喵"正被数学中的计算题困扰,请同学们用所学的编程的知识设计程序,帮助"喵喵"练习数学计算,共同解决计算不熟练、易出错的问题。

1.3.2 导入问题

"喵喵"被数学的计算题困扰,是因为它对运算定律掌握不熟悉,但又苦于没有人能帮助它进行四则运算训练。如何才能利用编程帮助"喵喵"解决这个困扰呢?

1.3.3 任务布置

这节课我们就用 Scratch 设计一个口算出题器,让计算机自动出口算题目,帮助"喵喵"练习四则运算。

★ 新知(8 分钟)

(1) 教师展示范例程序,引出情境:到了期末复习阶段,用这样的口算出题器锻炼口算太方便了。引发学生思考:请观察这个口算出题器是用什么软件制作出来的?能不能也当一回出题人,结合运算定律用 Scratch 软件制作一个口算出题器呢?

(2) 引导学生观察、思考:怎么才能把题目放到程序中?

教师总结:用 Scratch 中链表是可以存放多个数据,老师就是将题目和答案分别放在了两张链表中来实现的。

教师解释链表的概念、作用。

(3) 教师出示程序流程图,帮助学生梳理编程思路。

(4) 教师布置任务:同桌两人合作,新建两张链表,分别为"题目"和"答案",并在链表中填入对应的信息。

★ 应用和创造(22 分钟)

(1) 指定口算出题范围和要求:3 道 1 000 以内三个及三个以上整数的四则运算,3 道题目均能使用运算定律达到简便计算。题目可以使用老师所提供的题库中的题目,也可以自己出题目。

(2) 学生打开 Scratch,添加背景和角色,并新建"题目"和"答案"这两张链表,填入题目和答案信息。

(3) "题目"和"答案"这两张链表新建好以后,师生共同认识本次程序需使用的相关指令,依次单击,了解它们的作用。

(4) 程序中有了题库,接下来"喵喵"就要开始出题了。请学生思考:用什么指令可以让"喵喵"将题目问出来？并且用户能够输入对应的答案？

(5) 教师将之前学过的"说 Hello! 2 秒"指令和"第 1 项 题目"组合起来，演示效果，发现"喵喵"能够询问，但是没有办法输入答案。引出新指令 询问 What's your name? 并等待 和 回答，利用这两条指令能够出现询问和回答的对话框，达到程序与用户交互的效果。

(6) 教师再次梳理编程思路，请学生结合新学的指令，编写程序，让"喵喵"能够出题，并且能够对用户输入的答案判断对错。做好后将作品上传到网站。

1.4 拓展活动

1.4.1 师生对本节课作品进行点评。

1.4.2 教师展示"诗词大会"和"科学知识竞答"的 Scratch 程序，激发学生创作结合其他学科知识点的 Scratch 程序的热情。

1.4.3 请学生课后思考：在脚本设计部分，如何使用"变量"使脚本更为精简？

（杭州市京都小学　过映红）

2. 小红车，去哪儿了

- 2.1 教学主题概述 / 113
- 2.2 教学目标分析 / 114
  - 2.2.1 大概念 / 114
  - 2.2.2 知行为教学目标 / 115
  - 2.2.3 教学重难点分析 / 115
  - 2.2.4 教学评价设计 / 116
- 2.3 教学过程 / 116
- 2.4 拓展活动 / 118

2.1 教学主题概述

★ **教学主题**

以调查小红车的使用情况为主题，整合折线统计图和研究报告，通过阅读书籍报刊、上网浏览、调查访问等多种途径来搜集信息；理解最常用的统计工具，掌握其定义、画法、特征与用途；学习对数据进行深度分析，进行科学合理地下定论、推断和预测，最终实现将数据分析后得到的信息与结论用研究报告的形式呈现出来。

★ **主题归属**

- 地域文化特色点
- 教材内容相通点
- 学生生活兴趣点

★ **涉及学科领域**

人教版《数学》第十册："折线统计图"

统编版《道德与法治》第八册："家乡的喜与忧"

★ 相关学科课程标准描述

学科	学段	描述
数学	第三学段	能从统计的角度思考与数据信息有关的问题;能通过收集数据、描述数据、分析数据的过程作出合理的决策,认识到统计对决策的作用;能对数据的来源、处理数据的方法以及由此得到的结果进行合理的质疑。能对现实生活中有关的数字信息作出合理的解释,会用数、字母和图表描述并解决现实世界中的简单问题。能根据解决问题的需要,收集有用的信息,进行归纳、类比与猜测,发展初步的合情推理能力。
道德与法治	第二学段	了解本地区的自然环境和经济特点及其与人们生活的关系;感受本地区的变化和发展;了解对本地区发展有贡献、有影响的人物,萌发对家乡的热爱之情。

★ 思维导图

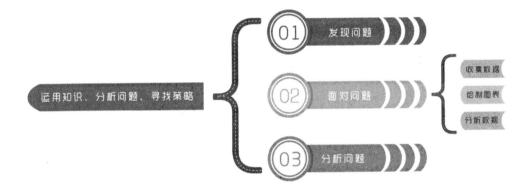

★ 教学年级

五年级

★ 教学时长

60 分钟

2.2 教学目标分析

2.2.1 大概念

认识到现实生活中蕴含着大量的数学信息、数学在现实世界中有着广泛的应用。对一个现象或问题的研究可以利用数学统计知识,经历对数据的收集、整理、分析与描述等过程,进而对某些事件作出合理的推断与科学的预测。面对实际问题时,能主动尝试着运用所学知识和方法寻求解决问题的策略。

2.2.2 知行为教学目标

★ 知

(1) 知识点

① 调查方法有多种途径：阅读书籍与报刊、上网浏览、走访等。

② 能根据统计所得数据，绘制合适的统计图表。

③ 能对搜集的统计表进行简单的分析与处理。

(2) 学科概念

① 初步掌握收集、整理和运用信息的能力，能够选用恰当的工具和方法，分析、说明问题。

② 运用表格或文字清晰地记录调查情况，对资料进行整理与归类。

③ 逻辑思维力，写作表达能力。

(3) 跨学科概念

增强小组合作能力，在自主探究、合作交流中提高数据收集、整理、处理的能力。能将抽象的数据形象化，并用文字加以表述。

★ 行

(1) 学科技能

① 能根据统计所得数据，绘制合适的统计图表。

② 尝试撰写研究报告，感受、了解家乡的变化与发展。

(2) 跨学科技能

① 针对公共自行车的使用情况进行调查，分析一下"一车难求"的原因。

② 统计调查表上的一系列数据，能进行简单的分析与处理，绘制合适的统计图表，并提出简单可行的建议，尝试写研究报告。

★ 为(情感、态度、价值观)

(1) 感受现代化的交通条件带给人们的方便与快捷。

(2) 有忧患意识和公共参与意识，关心和了解家乡发展中存在的问题。

2.2.3 教学重难点分析

(1) 运用所学对数据进行收集、整理、分析和直观性描述。

设立该知识点为重难点的原因：学生缺少实践的经验，对数据的收集和分析会有困难。

突破该重难点的方法：引导学生用阅读书籍报刊、上网浏览、调查访问等多种途径来搜集信息。要对搜集到的信息与数据进行归类、整理,以便图表的制作。教师引导学生去观察、思考、分析数据的运动变化现象。

(2) 撰写格式规范、观点明确的信息研究报告。

设立该知识点为重难点的原因:数据分析的关键不在于数据本身,而在于分析后的结论。

突破该重难点的方法:引导学生用动态发展的眼光观察数据。应用性分析和个性化分析。

2.2.4 教学评价设计

评价项目	评价标注及等级描述	自评	互评	师评
数据搜集	★★★:数据真实、全面,搜集方式较为丰富。 ★★:对数据有一定分类和整理,但缺少有序性、表格缺少或绘制错误。 ★:数据搜集方式单一,数据不全面、不真实,缺少有序性。			
图表制作	★★★:有统计表和折线统计图,且绘制正确。 ★★:有统计表和折线统计图,但有绘制错误。 ★:缺少统计表或折线统计图。			
研究报告的撰写	★★★:有格式规范的研究报告,内容全面,结论清晰,且有对未来的推断与预测、计划等应用性分析和个性化分析。 ★★:有有关数据分析的文字描述,但格式不规范,内容不全面,结论不清晰,缺少推断与预测等应用性分析。 ★:缺少有关数据分析的文字描述。			

2.3 教学过程

★ 体验(5分钟)

(1) 问题情境

杭州近几年来一直提倡环保出行,政府推出了无偿使用的公共自行车,小区里、马路上有许多的租赁点,给大家的生活带来了便利。但在有点时段有些地点会出现"一车难求"的情况。为此,孩子们针对这一情况自行设计调查表,进行研究。

(2) 导入问题

杭州近几年来一直提倡环保出行,政府推出了无偿使用的公共自行车,小区里、马路上有许多的租赁点,给大家的生活带来了便利。但在有点时段有些地点会出现"一车难求"的情况。为什么会这样呢?

(3) 任务布置

① 根据调查需要设计一份表格。

② 运用数学知识将调查所得数据进行分析和整理,绘制正确的统计图。

③ 根据调查表格,完善一份有关公共自行车的"家乡发展建议书"。

★ 新知(15分钟)

真实性问题:杭州近几年来一直提倡环保出行,政府推出了无偿使用的公共自行车,说说对公共自行车的了解情况。

小区里、马路上有许多的租赁点,给大家的生活带来了便利。但在有点时段有些地点会出现"一车难求"的情况。为什么会这样呢?

★ 应用和创造(40分钟)

关于公共自行车,老师这里也有一些信息:8年来,杭州有6.75亿人次骑行公共自行车。公共自行车已经成为了中外游客和杭州市民出行必不可少的城市交通工具。

(1) 完成调查表

前几天,同学们提出想对杭州公共自行车的使用情况进行一个小调查,自己设计了调查表,也利用课余时间进行了调查与统计。现在请你们在小组内交流一下自己了解到的情况。请组长进行统计。(小组交流,上来汇报)

生:我觉得如果就这样单独地把数据写上去,不够直观。我想用更形象直观的方法来展示。

师:你的想法很好。同学们,你们有什么好的方法吗?

生:我们可以画统计图。

(2) 绘制统计图

要把这张有关公共自行车使用人群的年龄段人数的统计表绘制成统计图,你会选择哪种统计图?你是怎么想的?

那这张统计表呢?如果想很清晰的看出每个时间段小红车租用数量的增减变化情况,选择折线统计图比较合适。

我们应该根据生活实际的需要和统计的目的,合理地选择。

课件出示租用人次统计表,2张统计图。

老师这里也找到了有关公共自行车的一些数据,根据统计表分别绘制了条形统计图和折线统计图。条形统计图能直观的反映出数量的多少,而折线统计图不仅能反映出数量的多少,而且能清晰地反映出数量的增减变化。折线上升,数量增加;折线水平,数量不变;折线下降,数量减少。

比较这2幅统计图,你觉得绘制折线统计图的步骤和条形统计图有什么相同的地方吗？有什么不同的地方？

绘制折线统计图的步骤和绘制条形统计图的步骤基本相同：

根据图纸的大小画出横轴和纵轴；

适当的分配各点的位置，确定各点的间隔；

根据数据大小的具体情况，确定单位长度表示多少；

按照数据描出各点，再用线段顺次连接。

小组合作绘制统计图。

(3) 观察分析

从这张统计图中你获得了哪些信息？分点描述。

进行科学合理地下定论、推断和预测。

(4) 写简单的研究报告

了解到研究报告的撰写格式主要如下：

问题的提出。

调查方法。

调查情况和资料整理。

结论。

2.4 拓展活动

总结：在这一节课的学习中，我们首先了解了数据与信息搜集的方式，重点学习了《统计》中的折线统计图，最后学习了撰写简单的研究报告。总的来说，我们要学会联系生活经验对数据进行分析，懂得因需要而统计，掌握研究报告的撰写来清晰表达我们的观点和决策，发展我们的思维独创性。

利用公共自行车使用情况调查表，绘制的统计图，结合道德与法治课"家乡的喜与忧"，完善一份有关公共自行车的"家乡发展建议书"。

(杭州市京都小学　陈旭盈)

3. 奇妙的动物世界——带你领略动物奇趣

3.1 教学主题概述 / 119
3.2 教学目标分析 / 121
 3.2.1 大概念 / 121
 3.2.2 知行为教学目标 / 121
 3.2.3 教学重难点分析 / 122
 3.2.4 教学评价设计 / 122
3.3 教学过程 / 123
3.4 拓展活动 / 126

3.1 教学主题概述

★ 教学主题

本堂跨学科整合课以"奇妙的动物"为主题,整合了一下语文《小壁虎借尾巴》与道德与法治"可爱的动物"两课。从观察各种动物的特点出发,发现不同动物各自具有独特而奇妙的功能,探讨动物对人类的特殊意义.;通过讲述"我与动物"的故事、设计和制作动物名片,引导学生表达对动物的喜爱之情,在心中种下保护动物的种子,激发学生热爱和保护动物、与动物朋友和谐共处的情感,领悟人与自然和谐共生的理念。

★ 主题归属
- 地域文化特色点
- 教材内容相通点
- 学生生活兴趣点

★ 涉及学科领域

语文:部编版小学一年级下册《小壁虎借尾巴》

道德与法治：部编版小学一年级下册"可爱的动物"

★ 相关学科课程标准描述

学科	学段	描述
语文	第一学段	**识字与阅读**：喜欢写汉字，有主动识字的愿望，能借助汉语拼音认读汉字。喜欢阅读，感受阅读的乐趣。学习用普通话正确、流利、有感情地朗读课文。结合上下文和生活实际了解课文中词句的意思，在阅读中积累词语。阅读浅近的童话、寓言、故事，向往美好的情境，关心自然和生命，对感兴趣的人物和事件有自己的感受和想法，并乐于与人交流。 **口语交际**：能认真听别人讲话，努力了解讲话的主要内容。听故事、看音像作品，能复述大意和精彩情节。能较完整地讲述小故事，能简要讲述自己感兴趣的见闻。与别人交谈，态度自然大方，有礼貌。有表达的自信心。积极参加讨论，对感兴趣的话题发表意见。 **综合性学习**：结合语文学习，观察大自然以及各种动物，用口头或图文等方式表达自己的观察所得。
道德与法治	第一学段	**情感与态度**：挚爱生命，热爱自然。喜欢动手动脑。乐于想象与创造。敢于尝试有一定难度的任务和活动。亲近自然，喜欢在大自然中活动，感受自然的美。 懂得保护环境、爱惜资源的重要性。 **知识与技能**：具有与同伴友好交往、合作的基本方法和技能，具有初步的探究能力。判断物体之间的相同与不同点，能较快地掌握物体所固有的特征；能认识和列举多种多样的物体、识别和描述物体的基本特征。能根据需要动手做简单的道具、小模型等来开展活动。初步了解生活中的自然、社会常识。学习动手动脑、有创意地生活，有好奇心和多样的兴趣。学习利用图书、电视、网络等多种方式收集需要的资料。

★ 思维导图

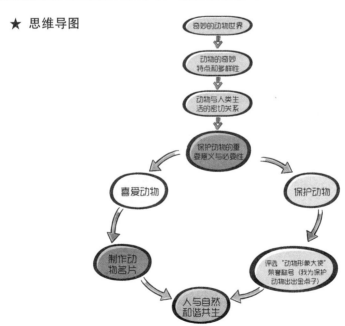

★ 教学年级

一年级

★ 教学时长

60 分钟

3.2 教学目标分析

3.2.1 大概念

动物具有奇妙的特点和丰富的多样性,动物与人类息息相关,人类需要保护动物,向动物学习,与自然和谐共生。

3.2.2 知行为教学目标

★ 知

(1) 知识点

① 能够辨认和回忆"壁、墙"等 12 个生字。

② 能流利地朗读课文。

③ 能通过归纳,根据图片理清课文的主要脉络,并复述出来。

④ 能够通过分析、比较,评价出哪些动物让你觉得很奇妙。

(2) 学科概念

① 学生的识字、认字以及听、说、读、写的基础能力得到提升;

② 通过师生问答、小组合作,学生的交流、表达能力和概括总结能力得到提升;

③ 在喜爱和保护动物的共情体验及讨论中,学生的独立思考能力得到提升。

(3) 跨学科概念

① 学生分析原因和结果的逻辑能力得到提升;

② 在小组合作中,学生加强合作意识,体验畅所欲言下观点的多样性;

③ 语文文本学习和道法知识的转换、融合中,学生保持着对动物"奇妙"认识的连贯性。

★ 行

(1) 学科技能

比较不同动物的特殊和奇妙之处,从而认识到动物世界中各种动物的特点和多样性,感受奇妙的动物世界的有趣,增进对动物的了解和喜爱。

(2) 跨学科技能

发现探索、小组合作、提出问题、解决问题。

★ 为(情感、态度、价值观)

结合生活中的知识,理解和解释动物是怎样启发人类作出如此多的发明,成为人类的老师的,从而感受动物与人类生活之间的密切关系,理解保护动物的必要性,深刻领悟保护动物的理念。

3.2.3 教学重难点分析

重难点:真实体会动物的奇妙,发自内心地喜爱动物,践行保护动物的理念。

设立该知识点为重难点的原因:《小壁虎借尾巴》中,各种小动物的尾巴都有着各自不同的功能与作用,十分奇妙;"可爱的动物"中,小动物们不仅可爱,还能给人类带来启迪和发明,与人类生活有着特殊的联系,也十分奇妙。以往学习中"喜爱和保护动物"容易停留在空喊口号上,学生在课堂上较少真实体会对动物的喜爱,在生活中常常没有真正践行保护动物的理念。

突破该重难点的方法:通过"制作动物名片——介绍动物名片——回忆、分享与身边动物朋友们的故事"这个方式引导小朋友真实体会对动物的喜爱,通过"图文结合"、"金点子列举"等方式引导学生在生活中真正践行保护动物的理念。

3.2.4 教学评价设计

(1) 评价活动

活动一:设计与制作动物名片

请学生给自己喜欢的动物朋友制作一张动物名片,帮助其他同学能了解和喜爱动物朋友。

① 老师先示范展示自己制作的动物名片。
② 以小组为单位领取制作材料,每个小朋友开始设计、制作动物名片,并在小组内分享。
③ 请几位小朋友上台展示。

活动二:我为保护动物出出金点子

课后请小朋友们以保护动物为主题,为大家出出保护动物的金点子,以图文结合的方式进行展示:

① 每名或每组同学以照片的形式向大家展现在生活中是如何保护动物的;
② 学生和教师投票,选出票数最高者;
③ 教师为票数最高者的学生颁发"动物形象大使"的荣誉称号。

(2) 评价方式

学生自评、同学互评、老师评价、家长互评。

(3) 评价标准

动物名片评价量规

评价项目	评价标准及等级描述	自我评价	同学评价	教师评价	家长评价
我能介绍我的动物朋友	★★★：能介绍并且介绍丰富、有条理、生动形象。 ★★：能介绍并且内容较为丰富、介绍无误。 ★：能介绍。				
我的设计整洁美观,图文并茂,很有创意	★★★：设计有创意并且整洁、美观。 ★★：设计有创意。 ★：设计普通				
我还能为我的动物朋友编一句保护它的小标语	★★★：设计标语,内容简明扼要,文字简洁,书写美观,有创意。 ★★：设计标语并且内容简明扼要。 ★：设计标语				

3.3 教学过程

★ **体验(5分钟)**

(1) 问题情境(1分钟)

出示课题——奇妙的动物世界

① 齐读课题。

② 两位老师带领小朋友一起来探究一个奇妙的动物世界,一起来喊"芝麻开门",打开这扇穿越之门!

(2) 导入问题(1分钟)

读课题提出疑问：看着课题,你有什么样的疑问?

动物为什么奇妙?奇妙在哪里?

带着这样的疑问,跟着孙老师来学习小壁虎借尾巴的故事。

(3) 任务布置(3分钟)

齐读课题,教师指导学生打开课本进行自由朗读,并出示朗读要求,请学生按照要求朗读和思考问题；

① 读准字音,读清句子,有难度的字多读几遍。

② 一边读,一边给课文标好自然段,并且思考：小壁虎为什么要借尾巴?

★ 新知(25分钟)

(1) 初读课文,读准字音

读课文,指名7个学生,一人读一个自然段,要求把音读准,尽量做到不添字、不漏字、不读错字。读后老师正音。

(2) 深入学习,读议课文

① 出示图一:大家先看一看课文中的第一幅插图,看看第一、二段,思考:

a 小壁虎为什么要借尾巴?小壁虎的尾巴是怎么断的?(被蛇咬住后,自己挣断的。)

b 假如小壁虎不挣断尾巴,会出现什么情况?从壁虎挣断尾巴,可以看出小壁虎的尾巴有什么作用?

② 老师范读第2自然段。

a 要求学生从课文内容及老师读的语气,体会小壁虎当时的心情,说说标点符号"?"所起的作用。

b 学生练习有感情地朗读。

③ 看图,听一位同学朗读第3至第5自然段。

a 思考:小壁虎向谁去借尾巴?请用铅笔圈一圈。

b 用"先……然后……最后……"连起来说一句完整的话。

④ 读议第3至第5自然段。学习第3自然段。

a 用引读法让学生理解第3自然段每句话的意思和叙述顺序。

教师引读:小壁虎爬到哪?→看见谁?→他怎么说?→对方怎么回答?

b 学生比较下面的句子和标点。

小鱼,你把尾巴借给我!

小鱼姐姐,把您的尾巴借给我行吗?引导学生理解用上"姐姐、您、行吗"等词语,及询问的语气,说明小壁虎十分有礼貌。

c 指导学生有感情朗读对话。

d 小结:课文第3段先写小壁虎爬到哪里,看见什么,再写小壁虎怎么说,最后写小鱼怎么答。

⑤ 半扶半放,教学第4自然段。

a 学生自读,说说这一段先写什么,再写什么,最后写什么,体会到第4段与第3段写法相似,只是地点变了,借尾巴的对象变了。

b 用课文中的一句话,说说老黄牛为什么没有把尾巴借给小壁虎。

⑥ 以放为主,学生自学第5自然段。

a 学生自学本段,想一想1、2两句写什么?3、4两句写什么?

b 指名学生有感情朗读本段,让学生找出说明燕子尾巴作用的词语。(摆、掌握方向)

(3) 总结

请学生表达觉得这些小动物哪里最让你觉得奇妙,引导回答"尾巴"。请学生自由回答觉得哪个动物的尾巴最奇妙,原因是什么。

(4) 感受体会,发现奇妙

引导学生了解生活中还有很多小动物也很有趣。播放歌曲《兔子舞》,跟随着节奏,教师不断变换动作并提问:这是什么动物?你能猜一猜吗?学生一边跟着模仿不同的动物,一边说出小狗、兔子、老牛、猴子等动物的名字。

这一环节引导学生了解,动物都有各自的特点,通过他们的特点,就可以一下子辨认出这是什么动物,非常有趣。

★ 应用和创造(30分钟)

(1) 动物老师

小动物们不仅可爱,还能成为我们的老师呢!这也是动物的奇妙之处。

① 出示绘本图片,教师带领小朋友们一起读绘本故事《动物老师》。

② 听完这个绘本故事,让学生说一说从这些动物身上学习到了些什么?

预设:人类可以从动物的一些动作、模样得到启发,发明对人类有利的东西。

③ 请学生举其他例子,动物可以给人类带来哪些启发。

预设学生自由回答:

从小鱼潜水得到启迪,发明了潜水艇。

从老鹰飞翔得到启发,发明了飞机。

…………

(2) 我和身边的小动物

引导学生分享在生活中和动物朋友们发生的故事以及学生从它们身上学习到的知识。先在小组内讲一讲,然后请同学上台给大家分享。

(3) 设计与制作动物名片

带领学生通过制作动物名片向别人介绍喜爱的动物朋友。

① 老师先示范展示自己制作的动物名片。

② 以小组为单位领取制作材料,每个小朋友开始设计、制作动物名片,并在小组内分享。

③ 请个别小朋友上台展示。

④ 教师根据小朋友的设计,根据评价标准进行评价。

(4) 总结

① 请学生自由分享上完这节课的体会。

② 教师总结,生活当中的动物们不仅外表独特,还有着它们独特的功能与作用;不仅能成为人类的好朋友,还能成为人类的老师。引导学生认识到这样奇妙有趣的动物,我们应该好好保护才是。

3.4 拓展活动

采取图文结合的方式,让学生介绍自己在生活中是如何保护动物的,最后,根据学生和老师的投票,为学生颁发"动物形象大使"荣誉称号。

(杭州市京都小学　陈益波)

4. 设计热卖净水器——人人都是产品经理

4.1 教学主题概述 / 127
4.2 教学目标分析 / 129
    4.2.1 大概念 / 129
    4.2.2 知行为教学目标 / 129
    4.2.3 教学重难点分析 / 130
    4.2.4 教学评价设计 / 130
4.3 教学过程 / 131
4.4 拓展活动 / 132

4.1 教学主题概述

★ 教学主题

本堂跨学科整合课以"净化运河水"为主题,整合了六年级下科学"保护我们的环境",学生从身边最熟悉的运河水出发,在了解相关概念后,自行设计并制作净水器,以此了解产品设计过程,提高设计和制作能力,并在此过程中提高小组分工及合作能力,同时也让学生感受到了把所学科学知识运用到实际生活中的重大意义,激发了学生设计制作的兴趣。

★ 主题归属

- 地域文化特色点
- 教材内容相通点
- 学生生活兴趣点

★ 涉及学科领域

科学:教科版小学六年级下册"环境和我们"单元
统编版《道德与法治》六年级下"地球——我们的家园"

★ 相关学科课程标准描述

学科	学段	描述
科学	第二学段	**科学探究**：通过系列化的探究活动，较全面地收集证据。学生除了通过观察、实验方式外，还将学会用统计、调查、收集资料等方式来收集证据。比如水资源问题的研究。 **科学态度**：对各种证据进行处理，尤其是对资料进行分析整理。如根据资料对水中微生物的研究。
数学	第二学段	**知识技能**：经历数据的收集、整理和分析的过程，掌握一些简单的数据处理技能；能选择合适的估算方法或借助计算器解决简单问题。 **情感态度**：愿意了解社会生活中与数学相关的信息，主动参与数学学习活动；在他人的鼓励和引导下，体验克服困难、解决问题的过程，相信自己能够学好数学；在运用数学知识和方法解决问题的过程中，认识数学的价值；初步养成乐于思考、勇于质疑、实事求是等良好品质。
技术与工程	第二学段	了解技术是人们改造周围环境的方法，是人类能力的延伸。工程师依据科学原理设计和制造物品、解决技术应用的难题、创造丰富多彩的人工世界一系列活动；了解科学技术推动着人类社会的发展和文明进程。
道德与法治	第三学段	初步了解全球环境恶化、人口急剧增长、资源匮乏等状况以及各个国家和地区采取的相关对策，体会"人类只有一个地球"的含义。

★ 思维导图

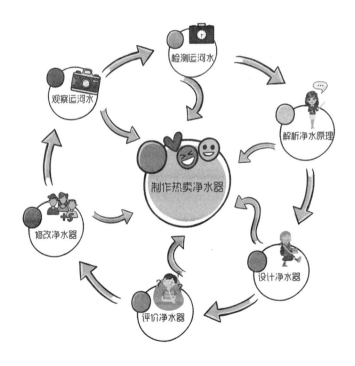

★ 教学年级

六年级

★ 教学时长

90分钟

4.2 教学目标分析

4.2.1 大概念

我们生活中所接触物质都是混合物。混合物是可以根据其组成的物质的化学性质与物理性质进行分离的。制造净水器的过程就是思维图式的迁移,使学生在学习中能触类旁通、举一反三,能够成为具有终身学习能力的科学学习者、科学知识的使用者乃至创造者。

4.2.2 知行为教学目标

★ 知

(1) 知识点

了解净化水的原理和方法。

(2) 学科概念

知道过滤的相关知识,并能和相关水质知识相联系。

掌握一定的水质检测的方法和技能,了解部分水质指标。

(3) 跨学科概念

知道保护地球水资源的重要性。

知道可持续发展是当代社会实现人与自然协调发展的根本途径。

通过设计净水器知道设计产品的基本流程,并能进行迁移转换学习。

★ 行

(1) 学科技能

运用多种水质检测手段,检测运河水的净化效果。

(2) 跨学科技能

① 能设计净水器,并进行制作。

② 参与力所能及的环保行动。

★ 为(情感、态度、价值观)

(1) 学生发展解决实际问题的能力、实验动手能力和创新能力。

(2) 体验经历实践的过程,感受动手制作的成功和乐趣。

(3) 树立环保责任意识。

4.2.3 教学重难点分析

如何对运河水进行有效的净化。通过运用已有知识对运河水中已知的杂质进行有序分析,然后运用现代化仪器进行水质的检测,根据净水的需求有序地填充各种净水材料,从而达到净水的目的。

4.2.4 教学评价设计

(1) 评价活动

学生借助评价标准进行自我评价与他人评价。

(2) 评价方式

定量评价(水质检测笔和水质电解器)

定性评价(小组合作)

(3) 评价标准

净水器设计评价量规

项目 \ 分值	★★★	★★	★	自评	互评	师评
小组合作分工	有分工,每个人有明确的任务,合作效果良好	有分工,但合作偶有不顺	无分工,有些小组成员没有任务			
设计图	有较详细的三维设计图图种标示清晰	有设计图,指示较清晰,有个别错误	无设计图			
水的颜色	比较清	介于浑浊和清之间	很浑浊			
外表装饰	装饰美观	有少量装饰	无任何装饰			
水质检测笔(混合物的纯净度检验)	数值明显减少	数值有所减少但不明显	数值无多大变化			
水质电解器(混合物的纯净度检验)	数值明显减少	数值有所减少但不明显	数值无多大变化			
总结展示	小组成员共同汇报,能详细说明设计过程,表述完整清晰	一至两人上台汇报,表达较清晰、完整	一个人上台汇报,表述不完整,表达不够清晰			

4.3 教学过程

★ **体验(20分钟)**

(1) 问题情境

同学们看下这张照片,知道是哪里吗?

同学们对运河都很熟悉了吧?今天我们就一起来上一节有关运河的科学课。

(2) 导入问题

运河水可以直接喝吗?(教师示意准备喝)怎样才能让运河水变得能喝呢?需要净化。好,这节课我们就一起来研究净化运河水。(出示课题)我们要净化运河水,它与矿泉水有什么区别?先观察,只用感官观察可以了吗,还可以用一些仪器进行检测。(出示两种仪器,并进行介绍)

学生活动:运用感官观察和仪器检测比较运河水和矿泉水,完成实验记录单。

经过观察和检测,发现运河水中哪些杂质较多?不溶性杂质、可溶性杂质、微生物等。

(3) 任务布置

怎么除去这些杂质?沉淀过滤、吸附、煮沸。

可以用身边的哪些材料进行净水?每种材料的用途是什么?

纱布与卵石过滤较大物质(不溶物质),石英砂过滤较小物质(不溶物质),活性炭吸附可溶物质(有色有味有毒有害的物质),蓬松棉吸附最小物质(不溶物质)。

★ **新知(20分钟)**

可以用这些材料来制作一个简易净水器吗?

小组内设计出净水器,画出设计图;

小组交流,互动评价;

修改完善设计。

较好的一个设计:①取一个空的塑料饮料瓶,剪去底部约二之一。②在瓶盖处用钻子钻一个孔,把准备好的塑料管插入孔中。③把瓶口处倒过来放,依次放入蓬松棉、纱布、活性炭、纱布、石英砂、纱布、小卵石。

★ **应用和创造(40分钟)**

教师给出温馨提示;

学生分组、动手制作;教师巡视、指导。

检验自制简易净水器的净水效果。

实验材料:烧杯,铁架台(带铁夹),一杯运河水。

步骤和方法:
① 将简易净水器固定在铁架台上,下端与烧杯相连;
② 将运河水缓慢倒入简易净水器中,用烧杯盛接流出的水,观察现象。

用现代化仪器进行检测通过净水器净化过后的运河水质。

(利用水质检测笔和水质电解器进行检测水质)

交流评价

1) 各小组汇报净水效果。

2) 想一想,你的净水器还可以怎样改进?

如有时间,再次改进自己的净水器,并再次进行检测。

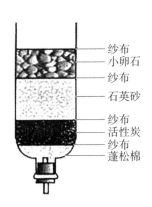

4.4 拓展活动

介绍我国水资源现状:水资源总量丰富,人均水资源匮乏,水污染严重(以水的富营养化污染为例),保护水资源。学生回家继续改进自己的净水器。

(杭州市京都小学　徐珍)

5. "苔花"是"花"吗

```
5.1  教学主题概述 / 133
5.2  教学目标分析 / 134
    5.2.1  大概念 / 134
    5.2.2  知行为教学目标 / 134
    5.2.3  教学重难点分析 / 136
    5.2.4  教学评价设计 / 136
5.3  教学过程 / 137
5.4  拓展活动 / 139
```

5.1 教学主题概述

★ **教学主题**

科学研究表明,有效的学习是基于学习者的真实生活情景并对接学习者已有知识经验的实践历程。四年级科学"植物"单元将通过科学探究学习让学生了解"植物的花、果实、种子特点及繁殖方式",这是学生在三年级科学课初步接触植物知识后的进阶学习。"'苔花'是'花'吗"项目学习,将学生的学习置于真实的生活情境,使"学习"与"解决问题"产生最直接的联结。在学习过程中,适时、恰到好处地融入了语文、音乐、美术等跨学科内容,并渗透真实情感的酝酿与挖掘,让学生在项目学习中解决实际问题,提升科学认知,丰富思想内涵,促进学生积极主动地学习。

★ **主题归属**
- 地域文化特色点
- 教材内容相通点
- 学生生活兴趣点

★ 涉及学科领域

语文：拓展性课程、网络热议古诗文《苔》(清·袁枚)

科学：教科版小学科学四年级下册第二单元"各种各样的花"

道德与法治：统编版《道德与法治》四年级下册第一单元"我们的好朋友"

美术：拓展性课程、设计制作微景观苔藓生态瓶

音乐：拓展性课程、中央电视台"CCTV经典咏流传"改编歌曲《苔》

★ 相关学科课程标准描述

学科	学段	描　　述
语文	第二学段	**阅读**：用普通话正确、流利、有感情地朗读课文；能联系上下文，理解词句的意思，体会课文中关键词句表达情意的作用；能初步把握文章的主要内容，能对课文中不理解的地方提出疑问；诵读优秀诗文，注意在诵读过程中体验情感，展开想象，领悟诗文大意。 **习作**：乐于书面表达，增强习作的自信心，愿意与他人分享习作的快乐。 **口语表达**：能用普通话交谈，学会认真倾听，能清楚明白地讲述见闻，说出自己的感受和想法。
科学	第二学段	**科学知识**：说出植物的某些共同特征，列举当地的植物资源，尤其是与人类生活密切相关的植物；描述植物一般由根、茎、叶、花、果实、种子组成，这些部分具有帮助植物维持自身生存的相应功能。 **科学探究**：在教师引导下，能从具体现象与事物的观察、比较中，提出可探究的科学问题；能用比较科学的词汇、图示符号、统计图表等方式记录整理信息，陈述证据和结果；能依据证据运用分析、比较、推理、概括等方法，分析结果，得出结论；能正确讲述自己的探究过程与结论，能倾听别人的意见，并与之交流；能对自己的探究过程、方法和结果进行反思，作出自我评价与调整。 **科学态度**：能接纳他人的观点，完善自己的探究；能分工协作，进行多人合作的探究学习；乐于为完成探究活动，分享彼此的想法，贡献自己的力量。
道德与法治	第二学段	体会朋友之间真诚相待、互相帮助的友爱之情；学会和朋友平等相处。知道朋友之间要相互尊重，友好交往。 懂得感恩和基本的礼仪常识；学会欣赏、宽容和尊重他人。
美术	第二学段	采用造型游戏的方式，结合语文、音乐、品德与社会、科学等学科内容，进行美术创作与展示，并发表创作意图。
音乐	第二学段	**音乐情绪与情感**：能够体验并简要描述音乐情绪的变化。 **音乐体裁与形式**：聆听少年儿童歌曲和颂歌、抒情歌曲、叙事歌曲、艺术歌曲、格调健康的流行歌曲等各种体裁和类别的歌曲，能够随着歌曲轻声哼唱或默唱。 **演唱**：能够用自然的声音、准确的节奏和音调，有表情地独唱或参与齐唱、合唱。

★ 思维导图

★ 教学年级

四年级

★ 教学时长

50 分钟

5.2 教学目标分析

5.2.1 大概念

经历对信息进行收集、整理、分析和运用的完整探究活动,以解决实际问题,同时联系生活体会古诗文蕴含的诗人情感和特有意境。

5.2.2 知行为教学目标

★ 知

(1) 知识点

① 了解古诗《苔》诗意及作者简介。

② 如果一朵花由花瓣、雄蕊、雌蕊、萼片四部分组成,称为完全花,如果缺其中一部分或几部分,则为不完全花。

(2) 学科概念

① 正确、流利、有感情地朗读并背诵古诗。

② 知道苔藓不会开花结果,它利用孢子囊繁殖后代。

5. "苔花"是"花"吗   135

(3) 跨学科概念

古诗作者赋予一种不受人关注的植物苔的情感,通过多形式探究以及苔藓漂流瓶的制作与友情卡的传递,体会并表达"做最好的自己"的思想情感。

★ 行

(1) 学科技能

① 通过反复诵读,感悟、品味诗中描绘的意境,体会诗人表达的丰富情感。

② 学习使用手持显微镜观察苔藓及其孢子囊,用图记录观察结果。

③ 会制作"苔藓漂流瓶",用文字记录表达对自己、对同伴激励祝福的话。

(2) 跨学科技能

① 通过古诗诵读、科学探究"'苔花'是不是'花'"、音乐吟唱等形式对"苔"进行广泛研究。

② 学会小组或同桌团结合作、互动探究,培养动手创新能力。

★ 为(情感、态度、价值观)

(1) 有探究苔藓植物奥秘的欲望,发展对周围事物的好奇心,乐于尝试应用学到的科学知识。

(2) 感受苔藓生命力和"苔花"孤芳自赏的精神,学做最好的自己。

(3) 能够在独立思考的基础上,与他人合作交流、分享研究结果。

5.2.3 教学重难点分析

重难点:用科学方法经历一次"'苔花'是'花'吗"探究活动,同时体会"苔花如米小,也学牡丹开"的含义。

设立该知识点为重难点的原因:古诗中写到了"苔花",学生会想当然地以为它就是苔藓的花,产生了牢固的但错误的前概念,事实上并非如此。

突破该重难点的方法:利用"苔花到底是不是花"这一认知冲突吸引学生强烈的探究和学习兴趣,运用科学观察、知识运用、查阅资料、交流思辨等方法验证观点,突破重难点。

5.2.4 教学评价设计

(1) 评价活动

手持显微镜等科学观察工具的熟练使用;运用科学知识,简单、正确地解释"苔花"是不是"花",以及理由;制作个性化、美观的苔藓漂流瓶;用文字表达感想;在学习态度方面,能主动参与学习,积极参与小组协作学习;愿意积极主动展示并分享学习成果。

(2) 评价方式

对观察记录表、苔藓漂流瓶作品、友情卡等进行展示分享并评定；通过课堂观察、调查问卷等形式评价学生参与积极性、学习水平等。

(3) 评价标准

"苔花"是"花"吗探究活动评价量表

评价项目	评价标准及等级描述	自评	互评	师评
观察记录表	★★★：全部记录，记录详细 ★★：部分未完成或记录简单 ★：未全部完成			
使用手持显微镜	★★★：图像清晰，按要求放大倍数 ★★：观察到的图像不清晰或放大倍数不足 ★：不能用显微镜观察到物体			
苔藓瓶制作	★★★：全部完成，苔藓瓶内物品摆放错落有致，整洁 ★★：基本完成，苔藓瓶较美观、较整洁 ★．未全部完成			
友情卡撰写	★★★：全部完成，语句优美，感情真挚 ★★：能用简洁语言表达内心感受或祝福 ★：未全部完成			
组内合作	★★★：分工合理，合作顺畅，效率高 ★★：所有组员都参与活动，但分工不明确 ★：由少数组员替代完成所有工作			

5.3 教学过程

流程	学习任务	设计意图
课前谈话（10分）	观看中央电视台《经典咏流传》节目之"苔"	视频导入，初步感知，埋下情感种子。
初读古诗（5分）	读准字音，熟练朗诵	通过反复读，初步感受古诗理解。
探究实践（10分）	科学书介绍一朵完整的花通常有四个部分组成，那"苔花"呢？学生观察探究。	通过已学科学知识，迁移至新的观察研究对象，鼓励学生细观察、勤思考。
认知冲突（5分）	实验交流发现"苔花"与一朵完整的花结构相距甚远，"苔花"是花吗？	教师埋下伏笔，引出学生的认知冲突，驱动问题引发学生进一步思考探究。
寄物托情（20分）	学习设计制作苔藓漂流瓶	动手实践，将心中的爱与情感寄入漂流瓶。
情感升华（10分）	交流爱心卡内容，共唱每个人心中的"苔"	人人如"苔花"般做最好的自己。

★ 体验

(1) 问题情境

同学们,有这么一首古诗,沉寂了三百多年,却因为刚才视频里一位贵州山区老师和同学们的演唱突然火遍大江南北。这首诗就叫做——《苔》

苔是什么?见过吗?这节课就让我们一起走近苔、研究苔。

(2) 导入问题

你见过"苔花"吗?科学课第二单元我们刚学过:一朵完整的花,通常由哪几部分组成?(花瓣、雄蕊、雌蕊、萼片),如果这四部分都有,我们就称它为——完全花;如果缺其中一部分或几部分,就称它为——不完全花。

"苔花"有什么特点?科学课上我们通常用什么方法来研究?(观察实验)

(3) 任务布置

① 探究:"苔花"是不是"花"?各小组领材料,开始观察活动。

② 汇报交流:请2—3个小组上台实物投影展示并汇报(教师有意选择不同观点结论的小组上台,在认知冲突中引出"资料阅读"环节)

③ 到底谁才是正确的呢?不妨求助一下专业书籍或网络。(PPT播放有关苔藓是否开花微视频)怎么样?现在你能解开这个谜团了吗?

④ 其实我们的身边有很多很多这样的"苔花",平凡而又普通。有一群来自贵州山区的小伙伴们,他们也觉得自己像"一朵朵平凡、不起眼的苔花"。你们想认识认识他们吗?(老师播放自己贵州支教时拍的照片)

⑤ 让我们载着清新的苔藓和漂亮的苔花,带着友情,用苔藓漂流瓶传递给贵州的小伙伴们吧!(PPT出示漂流瓶制作方法)

⑥ 各小组领材料,开始制作。

⑦ 请1—2个小组的学生展示漂流瓶,并交流友情卡。

★ 新知

(1) "苔花"不是花,而是孢子囊,里面的孢子成熟后散落,以此繁衍下一代。古诗中写到的"苔花"指的是像花一样开放的孢子囊,也泛指苔藓。

(2) 可以利用苔藓、小饰品等材料自己动手制作苔藓微生态瓶,掌握苔藓喜阴暗潮湿环境的特点,打造温馨小生态。

★ 应用和创造

利用苔藓为桥梁,亲手制作苔藓生态瓶,与远在贵州山区的小伙伴们心心相连,写下温情友情卡,增进友谊,共勉"苔花如米小,也学牡丹开"、"做最好的自己"的美好人生观、价值观形成。

5.4 拓展活动

持续观察苔藓瓶内的苔藓或自然环境中的苔藓生长发育情况,并做记录,了解更多苔藓生长的特点与秘密,举办一场班级"我是苔藓小专家"交流会,互相分享学习。

(杭州市京都小学 马林)

6. 寻找消失的宝石王冠
——寻找规律之美

> 6.1 教学主题概述 / 140
> 6.2 教学目标分析 / 142
>   6.2.1 大概念 / 142
>   6.2.2 知行为教学目标 / 142
>   6.2.3 教学重难点分析 / 143
>   6.2.4 教学评价设计 / 143
> 6.3 教学过程 / 144
> 6.4 拓展活动 / 147

6.1 教学主题概述

★ **教学主题**

结合一年级学生的学习特点,为了学生能有效的学习并掌握知识,并且在落实课程整合于课堂日常教学的过程中培养学生的综合素养,设计者将一年级下册数学教材中所涉及的"找规律"相关知识与语文绘本故事相结合,穿插音乐和美术于其中,为学生提供了一堂生动有趣的数学绘本体验课程。

在学习的过程中学生化身小助手随着大鼻子侦探来到国家博物馆中,学生通过分析向导手册中给的提示寻求宝石排列规律,自主验证真假王冠,有趣的故事、求真的精神及规律之美激发了其探究兴趣;小助手们协助大鼻子侦探,借助各种数学规律破解一条条线索,从而寻回真王冠,不仅获得了馆长赠送的实物奖励(一顶王冠),并获得了精神上的奖励(小助手升级成为小侦探)。在这个过程中,线索问题的设计环环相扣极具规律性,并实现问题类型多样化,探索过程趣味化,研究难度亦是由浅及深,并涉及多学科内容(数学、道德与法治、美术与音乐)。活动的最后,学生运用已有知识小组合作亲手设计王冠,并全班参与"最美王冠"评比,将气氛推向高潮。

★ 主题归属

● 地域文化特色点
● 教材内容相通点
● 学生生活兴趣点

★ 涉及学科领域

语文：小学低段绘本阅读指导

数学：人教版小学一年级下册"找规律"单元

道德与法治：部编版小学一年级下册"交通安全小常识"

美术：小学低段创意设计

★ 相关学科课程标准描述

学科	学段	描述
语文	第一学段	**阅读**：结合上下文和生活实际了解课文中词句的意思，在阅读中积累词语。（借助读物中的图画阅读）
数学	第一学段	**数学思考**： 1. 在观察、操作等活动中，能提出一些简单的猜想。 2. 会独立思考问题，表达自己的想法。 **解决问题**： 1. 能在教师的指导下，从日常生活中发现和提出简单的数学问题，并尝试解决。 2. 体验与他人合作交流解决问题的过程。 **情感态度**： 1. 了解数学可以描述生活中的一些现象。 2. 感受数学与生活有密切联系。

★ 思维导图

（见下页）

★ 教学年级

一年级

★ 教学时长

50分钟

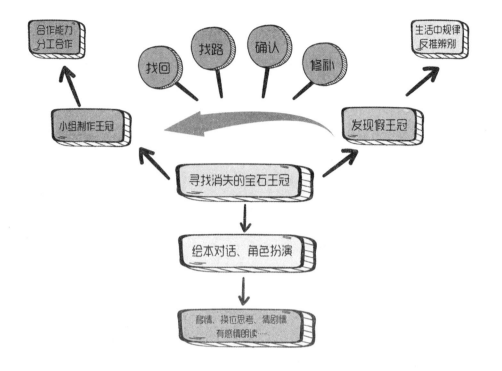

6.2 教学目标分析

6.2.1 大概念

数学规律是对生活知识在数学方面的总结和积累。生活中可以通过观察、推理与判断等过程发现规律之美,并运用规律来解决问题,提高辨别能力,提升审美情趣。

6.2.2 知行为教学目标

★ 知

(1) 知识点

① 学生能够读懂语段中的特殊词、句,有感情地朗读句子。

② 学生能通过观察、猜测、推理等活动发现事物中简单的排列规律,理解规律的含义并能描述和表示规律。

③ 学生能在情境中正确辨识红绿灯。

(2) 学科概念

① 学生能具备基本的口语表达能力及简单的语言概括能力;

② 学生能根据生活常识进行合理联想的推理能力。

(3) 跨学科概念

① 用简单的语言概括数学规律；

② 从颜色到常识的相互关联性。

★ 行

(1) 学科技能

① 自主寻找绘本封面提供的基本信息，根据插图进行合理的猜想；

② 初步的观察、概括、推理和逻辑思维的能力。

(2) 跨学科技能

利用搜集到的信息发现问题、提出问题、解决问题及合作学习的能力。

★ 为(情感、态度、价值观)

① 探索身边问题的兴趣，感受到生活的规律美，感受到生活中处处有数学。

② 体验与他人合作交流的过程，能倾听别人的意见，尝试对别人的想法提出建议，知道应该尊重客观事实。

6.2.3 教学重难点分析

重难点：发现王冠是假的之后根据怪盗黑星星提供的线索，一步步破解密码，找到真正的王冠。

设立该知识点为重难点的原因：综合的破案破解过程，要求学生直接运用新知在情景中解决问题，同时读懂绘本理解情景的问题。

突破该重难点的方法：借助图表、影像资料与拓展知识和真实情境，将知识点串联融合起来，使得学生在实际应用中运用知识点，教师扮演侦探提供关键的信息线索，帮助学生突破困难。

6.2.4 教学评价设计

(1) 评价活动

小组合作手绘"最美王冠"。

(2) 评价方式

自评、互评、师评。

(3) 评价标准

评价项目	评价标准及等级描述	自评	互评	师评
学习规律	★★★：说出规律及循环的含义,能利用规律发现博物馆王冠是假的,利用规律破解怪盗黑星星留下的三条线索及破解保险柜密码,找回真正的宝石王冠。 ★★：说出规律及循环的含义,能利用规律发现博物馆王冠的不对之处,利用规律破解怪盗黑星星留下的2条线索及破解保险柜密码,找回真正的宝石王冠。 ★：说出规律及循环的含义,能利用规律发现博物馆王冠的不对之处,利用规律破解怪盗黑星星留下的1条线索。			
绘本阅读	★★★：会读封面,能说出绘本封面5要素；能带入情景有感情地朗读对话；能根据情境推测后文故事发展。 ★★：会读封面,能说出绘本封面部分要素；能带入情景正确地朗读对话；能适当推测后文故事发展。 ★：会读封面,读正确绘本题目；能朗读对话。			
小组合作画王冠	★★★：小组合作,积极参与,绘制有规律、漂亮、美观图案的王冠。 ★★：全程参与合作绘画,绘制有规律图案的王冠。 ★：参与合作绘画,绘制有图案的王冠。			

6.3 教学过程

★ 体验

(1) 问题情境

体验绘本阅读(语文老师引导)：看封面获取信息

① 获取题目：寻找消失的宝石王冠

通过查阅字典根据词义研究"冠"的读音

② 研究作者：图、文：崔香淑(韩)；翻译作者：白丽娜、李舟妮

③ 根据图片介绍主要人物并猜测故事梗概：大鼻子侦探拿着放大镜在研究王冠。(表扬大胆猜测的学生的丰富想象力)

(2) 导入问题

探究验证假王冠(数学老师引导)

小助手跟随大鼻子侦探(数学老师)进入到国家博物馆参观,大鼻子侦探指着橱窗里的宝石王冠就说是它是假的。可这是国家博物馆啊,怎么可能呢？这下可吓坏了小助手。"这顶王冠是假的？"(在语文老师的带领下学生尝试有感情地朗读,读出惊讶的语气。)

① 阅读向导手册

a 通过观察手册内容,知道王冠上宝石的排列是有规律的;

大屏幕呈现向导手册的内容,侦探引导小助手们去观察:原来王冠上宝石的排列是有规律的。

b 能够用简单的数学语言描述规律;

(　　)是按照(　　)(　　)为一组重复排列的。

c 进行合理的推测:接下来该怎么排列?

② 对比验证假王冠

a 再对比观察橱窗中存放的王冠。

学生确认质疑:"这顶王冠是假的。"

b 验证假王冠

学生指出假王冠上的错误排列,并运用已有规律进行验证。

(3) 任务布置

确认无疑是假王冠,他们找到博物馆馆长,馆长也很无奈(根据图片中馆长的样子来体会馆长的心情),原来真王冠被怪盗黑星星给盗走了,他留下线索纸条。于是大鼻子侦探带着勇敢的小助手们走上了破案之旅……

★ 新知

(1) 修补被破坏的图案(教材例题的改编)

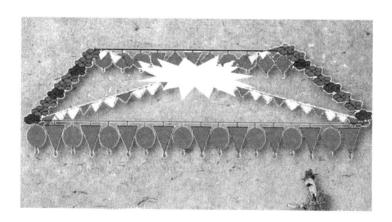

(2) 根据图形的摆放规律依次完成修补任务。

① 根据小花的颜色规律,说一说第7个,第9个及第10个该是什么颜色?

② 根据灯笼的形状规律补充下一组规律,并猜一猜第10个,第20个图形的形状?

拓展提升:如果要买100个灯笼每种形状各需要多少个?

6. 寻找消失的宝石王冠——寻找规律之美　145

③ 修补小彩旗,呈现两组规律,猜测下一组的第一个该是什么颜色,上一组的最后一个该是什么颜色?

④ 小彩旗的三种颜色,在生活中很常见,说说你在哪里见过?(红绿灯的颜色)关于红绿灯,你知道些什么?

进行课间操:共同朗读红绿灯小儿歌,加以肢体动作和拍手打节奏的练习。

回顾故事,根据已知线索寻找下一个纸条所藏地(《红绿灯》绘画作品的后面)

(3) 确定环形规律下的人物性别

线索指向女生,大鼻子侦探在女神雕像处拿到了下一个线索。这是一首童谣。

① 根据童谣找路径

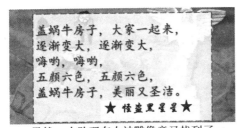

小助手们根据童谣的提示选择了正确的道路,沿着这个方向他们跑到路的尽头,看到了立着的大箱子。他们想这里藏着的应该就是真正的王冠了吧!

② 终极探险

顶着巨大的压力(只有一次开箱机会,错误的话箱子就会爆炸),小助手们四人合作,一起研究,终于他们凭借着聪明才智放入红色菱形卡片,打开了箱子,找到了真正的王冠。

★ 应用和创造

规律无处不在,我们身边有很多事物是有规律的在变化。比如:四季轮回;月亮圆缺变化;建筑设计;衣服条纹设计等(PPT 课件展示),请你找一找身边有规律的设计,并用简单的语言和你的小伙伴分享一下。

6.4 拓展活动

创造评选最美王冠:经过一番历练,大鼻子侦探宣布所有的小助手们成功升级为小侦探。此外,他们帮着馆长找到了珍贵的宝石王冠,馆长也赠送多顶王冠给小侦探们。小侦探们学以致用,拿起画笔描绘出漂亮且有规律的王冠,最后人手一票,投票选出"最美王冠"。

(杭州市京都小学 钱慧凝 郭倩玉)

7. 搭出营养　搭出健康
——做明智的吃货

> 7.1　教学主题概述 / 148
> 7.2　教学目标分析 / 150
> 　　7.2.1　大概念 / 150
> 　　7.2.2　知行为教学目标 / 151
> 　　7.2.3　教学重难点分析 / 151
> 　　7.2.4　教学评价设计 / 152
> 7.3　教学过程 / 153
> 7.4　拓展活动 / 156

7.1　教学主题概述

★ 教学主题

本跨学科整合课以"营养要均衡——营养午餐"为主题，整合了四下科学"食物"单元的营养均衡问题及四下数学的综合实践活动"营养午餐"，以期拓展学习广度，成就学生深度学习。

通过小组讨论、分工查找资料，课后结合科学教材、查阅网络及书籍资料，以更新、完善教材中的营养知识，小组合作制作 PPT 或小报，从而培养学生搜集、整理资料并总结归纳的能力；通过各组汇报整理、对比分析，互相学习补充，培养乐于思考、勇于质疑、实事求是的良好品质；根据教师提供的数据结合专家建议及营养均衡搭配原则，根据自己的喜好及科学搭配原则，利用估算策略进行搭配，结合实际情况发现问题、提出问题、解决问题，培养学生综合分析并解决问题的能力；作为后续活动，请学生继续根据所学的知识和掌握的方法，利用信息技术，根据校内午餐情况和个人情况调整家中饮食安排，再次经历解决问题的过程。

★ 主题归属
- 地域文化特色点
- 教材内容相通点
- 学生生活兴趣点

★ 涉及学科领域

科学：教科版小学四年级下册"食物"单元

数学：人教版小学四年级下册综合实践"营养午餐"

★ 相关学科课程标准描述

学科	学段	描述
科学	第二学段	**科学探究：** 在教师引导下，能从具体现象与事物的观察、比较中，提出可探究的科学问题；在教师引导下，能从具体现象与事物的观察、比较中，提出可探究的科学问题；在教师引导下，能基于所学知识，制订简单的探究计划；在教师引导下，能用比较科学的词汇、图示符号、统计图表等方式记录整理信息，陈述证据和结果；在教师引导下，能依据证据运用分析、比较、推理、概括等方法，分析结果，得出结论；在教师引导下，能正确讲述自己的探究过程与结论，能倾听别人的意见，并与之交流；在教师引导下，能对自己的探究过程、方法和结果进行反思，作出自我评价与调整。 **科学态度：** 能接纳他人的观点，完善自己的探究；能分工协作，进行多人合作的探究学习；乐于为完成探究活动，分享彼此的想法，贡献自己的力量。
数学	第二学段	**知识技能：** 经历数据的收集、整理和分析的过程，掌握一些简单的数据处理技能；能选择合适的估算方法或借助计算器解决简单问题。 **数学思考：** 进一步认识到数据中蕴含着信息，发展数据分析观念；在观察、实验、猜想、验证等活动中，发展合情推理能力，能进行有条理的思考，能比较清楚地表达自己的思考过程与结果；会独立思考，体会一些数学的基本思想。 **问题解决：** 尝试从日常生活中发现并提出简单的数学问题，并运用一些知识加以解决；能探索分析和解决简单问题的有效方法，了解解决问题方法的多样性；经历与他人合作解决问题的过程，尝试解释自己的思考过程；能回顾解决问题的过程，初步判断结果的合理性。 **情感态度：** 愿意了解社会生活中与数学相关的信息，主动参与数学学习活动；在他人的鼓励和引导下，体验克服困难、解决问题的过程，相信自己能够学好数学；在运用数学知识和方法解决问题的过程中，认识数学的价值；初步养成乐于思考、勇于质疑、实事求是等良好品质。

★ 思维导图

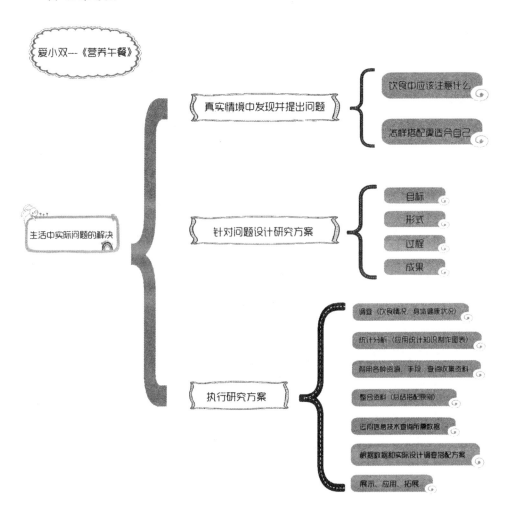

★ 教学年级

四年级

★ 教学时长

80分钟(不包括分组查阅资料时长)

7.2 教学目标分析

7.2.1 大概念

合理膳食是在了解各种食物的营养组成的基础上,通过科学计算与选择而得出的能满足人体营养需求的饮食搭配。

生活中的现实问题可以借助跨学科思维,通过搜集信息、整合分析等手段自主探究并解决。

7.2.2 知行为教学目标

★ 知

(1) 知识点

① 没有一种食物含有人体所需的所有营养成分,所以我们需要搭配膳食,保证营养的均衡。

② 搭配膳食营养要做到品种多样、结构合理,并保持适当数量。

(2) 学科概念

人体需要不同的营养,营养均衡对人体健康非常重要。搭配膳食营养要做到品种多样,并保持合理数量。

(3) 跨学科概念

能综合科学、数学知识,综合分析解决问题。

★ 行

(1) 学科技能

① 能根据营养午餐的基本指标搭配合理的营养午餐,搭配符合营养均衡原则的午餐,并根据实际情况合理调整。

② 通过喜欢的估算方法快速选出符合要求的搭配。

③ 在评价食谱是否均衡搭配并合理调整的交流活动中,能对所提供的信息进行分析和运用。

(2) 跨学科技能

① 能利用网络进行资源查找、资源筛选帮助自己解决问题。

② 能将学科上学到的知识综合运用,根据现实情况综合分析解决问题。

★ 为(情感、态度、价值观)

① 在理解均衡膳食的基础上,建立健康生活的意识。

② 体会数学、科学在日常生活中的应用价值,感受数学、科学的生活性、实用性。

③ 通过对均衡膳食的分析与研究,感受到理性思考的重要性。

④ 合作中学会人际关系处理,合作中提高工作效率。

7.2.3 教学重难点分析

重点:利用现实生活中的营养搭配问题,让学生经历发现问题、提出问题、解决问题的探究过程；综合教材内容及据个人所需查资料总结营养搭配原则，并根据专家建议对午餐搭配进行量化分析，借助信息技术查询相关数据并进行单位换算，从而从喜好、营养、费用等方面综合考虑，巧用估算方法快速搭配午餐并据实际情况考量调整，从而提高综合解决问题的能力。

难点：将知识综合应用于生活实践中去，根据实际需要，利用信息技术或其他方式查阅所需信息。

设计该知识为重难点的原因：通过课堂科学学习只是形成粗略模糊的营养概念，具体到怎么组合搭配食物还涉及具体营养量的计算分析，而这些实践活动在科学课堂上是缺失的，由此学生往往会出现"道理我懂，但是我不知道怎么做"或"我知道该这样做，但我做不到"的现象。

突破重难点的方法：教师将学生统计的数据通过 Excel 直接进行处理，用统计表或统计图展示，学生通过对统计图表的分析调整搭配方案，通过头脑风暴式的讨论交流，将搭配过程中可能存在的问题或需考虑因素暴露出来，从而优化搭配方案，提高工作效率。

7.2.4 教学评价设计

① 查阅、搜集、整理资料活动的评价量规（组内评价，满分★★★，根据实际情况评★、★★、★★★）

	评 价 项 目	自评	组长评
查阅资料	目的明确，能按需查阅相关资料 分类整理解决问题需要的资料 有问题能求助或者乐于帮助他人 敢于质疑或者接纳他人建议		

② "营养午餐"搭配评价量规

评价项目	评价标准及等级描述	组间评价
工作单	★★★：书写清晰，有充分思考 ★★：书写清晰 ★：书写凌乱	

续 表

评价项目	评价标准及等级描述	组间评价
任务完成	★★★：设计了几种合理的搭配 ★★：完成任务 ★：不完整	
组内合作	★★★：分工合理,合作融洽 ★★：所有组员参与,分工不够明确 ★：少数组员参与	
展示	★★★：团队合作,综合分析,有反思 ★★：团队讲解,讲解简单 ★：少数组员参与	

7.3 教学过程

★ 体验

(1) 问题情境(1分钟)

充分利用学校食堂资源,出示学校各菜品图片,引入情境：学校请我们当营养师,设计一周午餐食谱,最后评价达标后采用。如何用食物营养的知识指导我们设计营养午餐？

(2) 导入问题(6分钟)

问题1：科学地设计营养午餐,需要考虑什么因素？

问题2：怎样安排午餐更科学？怎样解决这个问题？

统计分析,搜集资料；最后根据信息和资料设计周菜谱。(设计本项目思维导图)

(3) 任务布置(33分钟)

① 小组讨论、分工查找资料,课下结合科学教材、查阅网络及书籍资料,更新、完善教材中的营养知识,小组合作制作PPT或小报。

② 制作膳食宝塔

通过汇报交流所搜集的资料,了解食物中的营养及其作用,讨论明确没有一种食物富含所有营养,所以我们要摄入多种食物,讨论如何做到营养均衡？根据所掌握资料制作"膳食宝塔",并说明设计理由,各组发表意见。(教师根据学生发言,利用白板的拖动功能完成膳食宝塔,保存每组的设计,最后对比分析)

出示中国营养学会制作的"膳食宝塔"与自己的设计进行对比、评价。

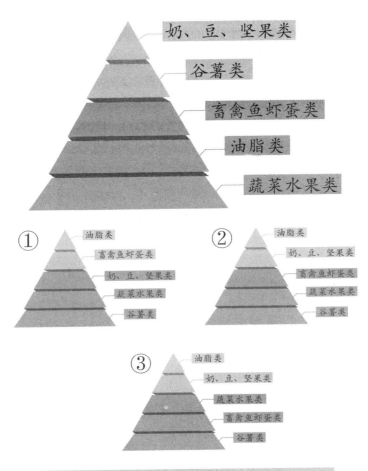

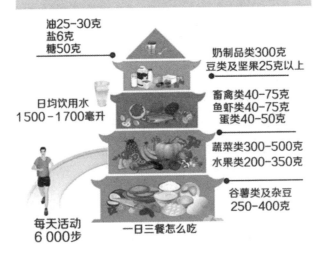

③ 总结膳食营养搭配原则

追问：你们组认为应遵循的膳食营养搭配原则是什么？其他组有补充或调整吗？

把学生的回答整理到课件中，最后教师利用图片和文字说明进行适当补充，一起总结出膳食营养搭配原则。

小明比较肥胖，经常生病，结合他日常饮食安排，发表看法。

	第一天	第二天	第三天
早餐	肉丝面	鸡蛋、牛奶、油条	猪肝面、鸡蛋
午餐	红烧鱼、排骨汤、大米饭	红烧大排、大米饭、狮子头	梅干菜扣肉、鱼香肉丝、米饭
晚餐	瘦肉粥、炸鸡腿	炸翅中、糖醋里脊、排骨面	白切鸡、北京烤鸭、馒头

★ 新知：搭配营养午餐（15 分钟）

（1）出示针对 10 岁左右儿童专家提出的建议：10 岁左右的儿童从每顿午餐中获取的热量应不低于 2 926 千焦，脂肪应不超过 50 克。

（2）"有什么方法让我们很快找到喜欢又符合标准的搭配呢？最后我们还要评最受欢迎的五种搭配作为我们下周的午餐食谱。"学生带着问题思考，教师根据学生统计数据选出他们最喜欢的 7 道荤菜，并适当补充部分素菜。

（3）如何知道每种菜肴中所含热量、脂肪和蛋白质？教师引导利用网络资源查找资料，并提出利用信息技术将各数据转换单位，经过讨论引导学生发现影响问题解决的其他因素，并小组合作提出解决方案，教师注意应用信息技术，提高解决问题效率，如直接在 Excel 中拖拉公式，将所有数据进行转换。

（4）根据教师提供的数据结合专家建议及营养均衡搭配原则，根据自己的喜好及科学搭配原则，利用估算策略进行搭配，结合实际情况发现问题、提出问题、解决问题。

★ 应用和创造：设计一周营养午餐（25 分钟）

（1）设计一周营养午餐

师生共同完成一项搭配后，分组进行搭配设计。

最终把每组搭配出的午餐汇总到 Excel 表格中，根据小组汇报教师复制粘贴数据，粘贴完成也在相应的位置计算出各营养总含量（表格中提前插入了公式），然后根据现实情况如餐费、每周两次水果、荤素菜是否重复等问题进行调整完善。选出全班最受欢迎的 5 种午餐搭配合成一周菜谱。

(2)均衡一日饮食

根据我们午餐安排,说说自己的早餐和晚餐情况,并加以评价,根据所学知识做出合理调整。

7.4 拓展活动

营养要均衡,除了每日结合校内午餐及个人情况合理安排早餐、晚餐,还要做到每周或者每月的营养均衡,于是给学生提供营养小贴士作为拓展,提供相关网址作为辅助资源,请学生根据所学知识评价家中饮食安排,并进行调整。

(杭州市京都小学 贾小双)

8. 风筝风筝飞上天

8.1 教学主题概述 / 157
8.2 教学目标分析 / 159
    8.2.1 大概念 / 159
    8.2.2 知行为教学目标 / 159
    8.2.3 教学重难点分析 / 160
    8.2.4 教学评价设计 / 160
8.3 教学过程 / 161
8.4 拓展活动 / 163

8.1 教学主题概述

★ **教学主题**

本节课以"风筝风筝飞上天"为主题，整合了科学的框架结构以及美术风筝纹样设计的内容。它结合春天学生的兴趣点，创设情境：假如你是一位民间手工艺传承人，你会从哪些方面来考虑设计制作一个风筝？通过问题引导，学生展开并解决本节课的核心问题：轻重、平衡、牢固、美观这四个风筝制作的关键要素。学生通过小组活动探究了解框架结构的特点，初步掌握利用三角形结构加固四边形立体框架的方法，解决了风筝实际操作中的问题，利用科学知识解释了风筝骨架设计的合理性和有效性，再运用美术知识对风筝进行装饰。

★ **主题归属**
- 地域文化特色点
- 教材内容相通点
- 学生生活兴趣点

★ 涉及学科领域

科学：教科版小学六年级上册"做框架"

美术：浙美版小学五年级下册"风筝风筝飞上天"

★ 相关学科课程标准描述

学科	学段	描述
科学	第二学段	**科学知识**：测量、描述物体的特征和材料的性能；认识力的作用。 **科学探究**：能基于所学的知识，从事物的结构、功能、变化及相互关系等角度提出有针对性的假设并能说明假设的依据。 **科学态度**：能分工协作，进行多人合作的探究学习；表现出对事物的结构、功能、变化及相互关系进行科学探究的兴趣。
美术	第二学段	从形态与功能的关系，认识设计和工艺的造型、色彩、媒材。运用形式原理以及各种材料、制作方法，设计和装饰各种图形和物品，改善环境与生活，并与他人交流设计意图。

★ 思维导图

★ 教学年级

五年级

★ 教学时长

80 分钟

8.2 教学目标分析

8.2.1 大概念

科学：能根据产品的实际需要和使用环境，考虑制作时的因素，合理进行设计。

美术：能有意识地将色彩搭配的原理应用到生活中的方方面面，理解并热爱传统文化。

8.2.2 知行为教学目标

★ 知

（1）知识点

① 帮助学生认识生活中常见的框架结构，了解框架结构的特点，初步掌握利用三角形结构加固四边形立体框架的方法。

② 知道如何保持平衡。

③ 知道风筝需要依靠风力升空，并能根据这一点设计风筝。

④ 利用三角形稳定性的原理，指导学生设计、制作一个可以支撑重物的框架结构，培养学生的探究能力。

⑤ 初步了解风筝的历史与起源。

⑥ 掌握风筝纹样的特点。

⑦ 学习风筝制作的基本步骤。

（2）学科概念

科学：框架结构的初步认识，对如何利用风力有一个大致的概念。

美术：风筝纹样的特点，对风筝纹样的结构、色彩、题材有一定的认识。

（3）跨学科概念

能综合科学、美术知识，综合分析解决问题。

★ 行

（1）学科技能

科学：能够以小组合作的方式，研讨出合适的风筝结构，对于之后可能出现的问题提出相对应的解决方案。

美术：能够在掌握风筝纹样题材、构成以及色彩搭配的基础上，绘制、制作出一个美观的风筝，并能将色彩搭配的技能应用到其他的美术活动及日常生活中。

（2）跨学科技能

通过小组合作实践探究，在数据处理与实物建模的基础上发展指向知识的理解与应用的思维建模，从知识架构到思维架构，促进模型思维的训练与发展。

通过对事物的观察与分析，培养学生的语言表达能力。

★ 为（情感、态度、价值观）

体验风筝制作工艺，激发对传统工艺传承及生活的热爱。

8.2.3 教学重难点分析

重难点：知道三角形的稳定性强于四边形，以及如何用最少的材料加固四边形从而理解在风筝骨架中含有大量三角形的原因。

设立该知识点为重难点的原因：学生已经知道三角形是最稳定的形状，但加固四边形时，学生往往会加两条斜杆，忽视了风筝对重量的要求。

突破该重难点的方法：让学生动手试一试，了解加一条斜杆就足以加固四边形，在引导时，重点强调风筝的重量问题，加强引导。

8.2.4 教学评价设计

（1）评价活动

各小组完成制作后将成品集中在展示台展出，教师给每个小组至少3分钟的时间进行展示，主要围绕"风筝外观是否符合审美"、"风筝骨架是否可以改进"等问题进行讲解与反思，并回答其他小组提出的问题。

（2）评价方式

评价量表形成性评价：通过行为观察、语言表达和实践操作等形式达成；

总结性评价：是否完成一个外观符合审美要求，能够放飞的风筝；

学生自评、他评：现场展示各组作品，并进行介绍说明；学生间自主投票，选出最佳作品。

（3）评价标准

评价项目	评价标准及等级描述	自评	互评	师评
材料使用	★★★：正确选择材料且能控制合理数量。 ★★：正确选择材料，但数量过多或过少。 ★：材料选择错误，数量过多或过少。			

续 表

评价项目	评价标准及等级描述	自评	互评	师评
小组分工与合作	★★★：分工明确,执行有效率。 ★★：有分工,但执行混乱。 ★：无明确的人员分工。			
记录情况	★★★：记录属实且规范。 ★★：记录属实,但不规范。 ★：基本不属实且不规范。			
制作和美观程度	★★★：制作良好,色彩搭配和谐,纹样设计较有创意且美观。 ★★：制作一般,考虑了美观设计,纹样内容丰富、色彩搭配较和谐。 ★：制作粗糙,纹样设计不美观。			
总结展示	★★★：组员共同汇报,能详细介绍产品,表达能力强。 ★★：一到两人上台汇报,表达能力强,表述较完整。 ★：一人上台汇报,表述不完整。			
风筝放飞	★★★：能长时间、稳定地在空中。 ★★：能升空,但不稳定。 ★：不能升空。			

8.3 教学过程

★ 体验

(1) 问题情境

出示"春天的图片"：春天到了,你们会做哪些活动呢?(放风筝)

(2) 导入问题(5分钟)

① 驱动性问题：风筝的制作工艺在我国有着非常悠久的历史,如果你是一位风筝制作人,你在设计制作风筝时会考虑哪些要素呢?

② 学生小组讨论,交流研讨。

③ 汇报。(轻重、大小、平衡、稳固、美观等)

④ 聚焦主题：风筝设计与制作。

(3) 任务布置

① 风筝由哪几部分组成? 怎样的骨架可以更好地让风筝飞上天呢?

② 怎么样的骨架会比较牢固?

请学生动手试一试,看看三角形和正方形哪个更稳定。出示巴黎铁塔图片,介绍框架结构,请同学们说一说为什么巴黎铁塔这么稳固?

请学生动手试一试,加固正方形框架。(加斜杆)

③ 正方形风筝的骨架可以做成这样吗?

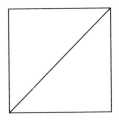

请同学们选择正方形、菱形或三角形的风筝面,以小组为单位设计一个稳固且能保持平衡的骨架,请同学上台展示小组的成果并阐述理由(应该做成左右对称的样子)。

★ 新知(30分钟)

(1) 学生说说见过哪些风筝纹样?出示风筝图片,寻找风筝纹样在题材和布局上的特点:

题材:人物/动物/几何/卡通

布局:对称/不对称

(2) 出示典型纹样的风筝,观察能找到哪些图案?哪些颜色?思考怎样的色彩搭配能使风筝在空中更吸引人?(色彩对比鲜明,色块大而明确)

(3) 出示学生绘制的风筝,选出自己喜欢的并从题材、布局、色彩等角度说说它的特点。

(4) 任务布置:小组合作讨论,大胆创想,结合风筝的造型、色彩、装饰纹样这三个方面用手绘设计一个风筝。完成后请小组进行展示、介绍。

(5) 再次探讨(补充)

出示图片:如今我们的风筝不仅有几何形状的,也有一些比如鱼形的,从骨架来看是不对称的,可为什么它也能很好地升空呢?

(6) 学生再度思考"平衡"

① 需要的是重量的平衡。

② 可以做成不对称的形状。

③ 如何判断风筝有没有平衡呢?(绑线后悬空,看风筝是否平衡)

(7) 学生根据自己的设计,完成风筝的制作,检验是否符合平衡标准。

(8) 检验完成后,请学生去操场上放飞风筝。(失败)

(9) 研讨失败的原因。

教师提示:风筝是依靠什么力量升空的呢?通过提示,让学生明白风筝需要有受风面,使风筝可以接受风力使之升空。让学生明白,风筝升空确实需要保持重量平衡,但由于需要接受风力,只要让风筝的左右两边重量相同,上下重量应该有所区别。

★ 应用和创造(70分钟)

各个小组根据所学知识,改进自己的风筝。

学生可以选择重新设计骨架,也可以通过改变绑线方法来调整"重心"位置,使风筝可以受风。

8.4 拓展活动

8.4.1 查阅风筝的相关资料,了解风筝各个部分所起到的作用。

8.4.2 总结:

(1) 风筝漂亮多样,放风筝是一项有趣的活动。

(2) 春天的风力以及空气流动的方向适合放风筝。

(3) 放风筝是一种传统习俗,风筝的制作背后更包含着传统工艺与文化传承。

(杭州市京都小学　王洋)

9. 制订一份锻炼计划

```
9.1  教学主题概述 / 164
9.2  教学目标分析 / 166
     9.2.1  大概念 / 166
     9.2.2  知行为教学目标 / 166
     9.2.3  教学重难点分析 / 167
     9.2.4  教学评价设计 / 167
9.3  教学过程 / 168
9.4  拓展活动 / 169
```

9.1 教学主题概述

★ 教学主题

本跨学科整合课以"制订一份锻炼计划"为主题,整合了四年级上册"我们的身体"、四年级下册"食物"单元知识点以及体育与健康科学知识、技能,通过量身制订一份锻炼计划,引导学生深度理解科学与体育学科知识的实践意义和价值,结合生活实际激发学生对知识的渴求。

★ 主题归属

- 地域文化特色点
- 教材内容相通点
- 学生生活兴趣点

★ 涉及学科领域

科学:教科版小学四年级上册"我们的身体"单元

体育:浙教版三—四年级"水平二"

★ 相关学科课程标准描述

学科	学段	描述
体育	第二学段	1. 坚持"健康第一"的指导思想,促进学生健康成长 2. 激发运动兴趣,培养学生终身体育意识 3. 以学生发展为中心,重视学生的主体地位 4. 关注个体差异与不同需求,确保每一名学生受益
科学	第二学段	**科学探究**:在教师引导下,能从具体现象与事物的观察、比较中,提出可探究的科学问题;在教师引导下,能基于所学知识,制订简单的探究计划;在教师引导下,能用比较科学的词汇、图示符号、统计图表等方式记录整理信息,陈述证据和结果;在教师引导下,能依据证据运用分析、比较、推理、概括等方法,分析结果,得出结论;在教师引导下,能正确讲述自己的探究过程与结论,能倾听别人的意见,并与之交流;在教师引导下,能对自己的探究过程、方法和结果进行反思,作出自我评价与调整。 **科学态度**:能接纳他人的观点,完善自己的探究;能分工协作,进行多人合作的探究学习;乐于为完成探究活动,分享彼此的想法,贡献自己的力量。

★ **思维导图**

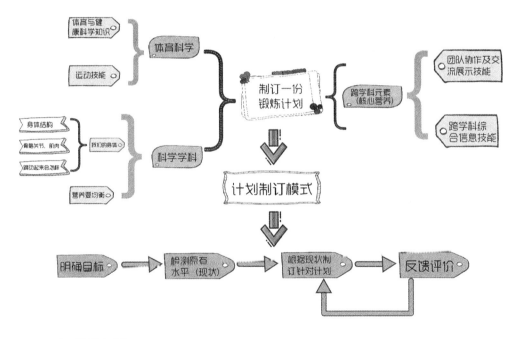

★ **教学年级**

四年级

★ **教学时长**

50 分钟

9.2 教学目标分析

9.2.1 大概念

科学地锻炼身体是基于身体各部位(骨骼、关节、肌肉)与各系统在运动中的协作方式。每个人对自己身体的感知不同,开展体育锻炼的能力也有强有弱。通过自主探究自己身体在进行运动技能时的变化,可以找到合理科学锻炼身体的运动方式,感知自我提升的思维和过程。

9.2.2 知行为教学目标

★ 知

(1) 知识点

① 能够说出自己身体各个部分的组成,骨骼、关节、肌肉在运动时相互协作的关系以及运动时身体的表现。

② 理解体育锻炼的原理。

③ 对不同锻炼项目按照主要锻炼部位分类。

④ 综合已做试验,计划一周锻炼安排。

⑤ 评价不同小组的计划制订是否合理。

(2) 学科概念

科学概念:知道身体的结构和运动过程中身体的变化。

体育概念:知道锻炼的基本理论。

① 超量恢复:人体运动后的各器官系统的机能和能量物质,恢复到运动前的水平;在有一段时间里可以超过原来的水平。

② 减脂锻炼方式:低强度,持续时间长,次数多,60%—80%的运动负荷,4—5组。

③ 增强力量锻炼方式:高强度,持续时间短,次数少,80%—90%的运动负荷,2—3组。

(3) 跨学科概念

相互联系(身体与身体各部分之间的联系,不同的身体变化与运动技能之间的联系)、平衡。

★ 行

(1) 学科技能

① 比较不同身体活动对身体不同部位的锻炼。

② 观察记录运动时的表现与感受。
(2) 跨学科技能
① 学会小组间相互交流、整合信息,培养记录分析实验结果的能力。
② 制订计划流程思维模式的运用。

★ 为(情感、态度、价值观)
(1) 相信团队活动的意义和价值,相信与同伴合作交流得出成果的价值和意义。
(2) 化被动学习为主动学习,产生如何提高自己跳绳成绩的探究之心。
(3) 提高敏锐的观察力,能够从各个角度进行观察现象的产生。
(4) 学会和同学有效交流,提高分析问题、整合信息的能力。

9.2.3 教学重难点分析

重难点:通过引导学生制订一份运动计划,让学生明白理解思考问题、解决问题的步骤,懂得如何去找出自身弱点,加强锻炼。

设立该重难点的原因:科学与体育学科知识都是学生的已学知识,如何运用这些知识解决现实问题是学生较难掌握,也是本节课学生提升能力的关键。

突破该重难点的方法:由问题情境的目的出发,通过老师一边引导一边逆向提问,启发学生的逻辑思维和处理问题能力。

9.2.4 教学评价设计

(1) 评价活动
① 对小组锻炼计划进行评价
② 对小组锻炼计划制订汇报进行评价
(2) 评价方式
组内自评,小组互评,教师评价
(3) 评价标准

评价项目	评价标准及等级描述	自评	互评	师评
目标需求制定	★★★:目标需求制定符合现状且与练习相照应。 ★★:目标需求制定符合现状。 ★:没有根据自身情况制定目标需求。			
运动负荷试验结果	★★★:运动负荷试验结果较为精确。 ★★:运动负荷试验结果大致符合实际。 ★:运动负荷试验结果无效。			

续 表

评价项目	评价标准及等级描述	自评	互评	师评
锻炼计划	★★★：锻炼计划严格按照目标与运动负荷实验结果。 ★★：锻炼计划与目标与运动负荷实验结果大致相符。 ★：锻炼计划与目标或运动负荷实验结果不符。			
小组协作	★★★：分工明确，组员配合度高，协作顺畅。 ★★：有基本分工，组员参与度高，稍有矛盾产生。 ★：无分工协作，由少数组员完成。			
运动中身体变化的记录	★★★：能较为完整地记录身体内外部的变化。 ★★：能记录身体内部或外部的一些变化。 ★：不能正确地记录身体内外部的变化。			
总结展示	★★★：组员共同汇报，解说详细，表达能力强。 ★★：一或两人汇报，表达完整。 ★：一人汇报，表达不完整。			

9.3 教学过程

★ 体验

（1）问题情境

前几天有几个同学来问老师怎么样可以变得更加强壮，也有同学想减去身上多余的赘肉。老师给他们制订了几个方案，经过一段时间的锻炼他们都达到了自己想要的改变，那么我们同学有没有想减肥或变得强壮呢？有没有同学想知道怎么样制订一份合理的锻炼计划呢？

（2）导入问题

问题1：你想要达到怎么样的锻炼效果？

问题2：制订锻炼计划有哪些步骤？

问题3：怎么样让你的锻炼计划更加科学有效？

（3）任务布置

① 体验不同锻炼动作身体主要活动的部位。

② 制订一份锻炼计划，把锻炼计划的表格填写完整。

③ 分析制订锻炼计划的过程，总结处理解决问题的思维方式。

★ 新知

（1）复习身体的基本结构，根据外观特征可以分为头、颈、躯干、四肢。

（2）简述制订一份锻炼计划的流程。

① 明确目标需求（减脂、增强力量）。

② 健康检测(学校体检数据)。

③ 运动负荷试验(被测试者尽可能多地完成测试,做到做不动时的运动数据即为被测试者的运动负荷,其他组员安排器材与进行统计)。

④ 制订锻炼计划反馈。

(3) 通过例子,让学生了解不同的锻炼强度、次数对锻炼效果的影响。

① 热身消耗糖分,20—30 分钟。

② 减脂:低强度,持续时间长,次数多,60%—80%的运动负荷,4—5 组。

③ 增强力量:高强度,持续时间短,次数少,80%—90%的运动负荷,2—3 组。

★ 应用和创造

(1) 活动:通过不同运动体验身体骨骼、肌肉、关节的参与并感受锻炼的部位。

① 每名同学进行俯卧撑、平板支撑和蛙跳练习。

② 小组为单位观察每一个练习主要由哪些骨骼、肌肉、关节参与锻炼,以及练习过程中组员身体行为的变化。

(2) 出示评价量规和任务,每组为一名同学进行量身定制锻炼计划。

(3) 每组一分钟的组员锻炼计划展示讲解。

(4) 教师总结。

9.4 拓展活动

为自己的父母、家人一起量身制订一份锻炼计划。

(杭州市京都小学　李鼎佳)

10. 礼物巧包装

10.1 教学主题概述 / 170
10.2 教学目标分析 / 172
  10.2.1 大概念 / 172
  10.2.2 知行为教学目标 / 172
  10.2.3 教学重难点分析 / 173
  10.2.4 教学评价设计 / 173
10.3 教学过程 / 174
10.4 拓展活动 / 176

10.1 教学主题概述

★ **教学主题**

本堂跨学科整合课以"礼物巧包装"为主题,整合了五上美术中的色彩搭配知识以及数学中的立方体表面积知识点,以解决礼物包装中的色彩搭配及包装纸大小的问题。通过解决这一生活中真实存在的问题,学生得以意识到美术审美与数学空间思维的关联,从而学会用跨学科的思维建构和运用知识,思考问题,灵活解决生活实际问题。

★ **主题归属**

- 地域文化特色点
- 教材内容相通点
- 学生生活兴趣点

★ **涉及学科领域**

美术:浙美版小学五年级上册"色彩的世界"

数学:人教版小学五年级上册"长方体的表面积"

★ **相关学科课程标准描述**

学科	学段	描述
美术	第三学段	从形态与功能的关系,认识设计和工艺的造型、色彩、媒材。运用形式原理以及各种材料、制作方法,设计和装饰各种图形和物品,改善环境与生活,并与他人交流设计意图。
数学	第二学段	空间观念主要表现在:能由实物的形状想象出几何图形,由几何图形想象出实物的形状,进行几何体与其三视图、展开图之间的转化;能根据条件做出立体模型或画出图形;能从较复杂的图形中分解出基本的图形,并能分析其中的基本元素及其关系;能描述实物或几何图形的运动和变化;能采用适当的方式描述物体间的位置关系;能运用图形形象地描述问题,利用直观来进行思考。"空间与图形"的内容主要涉及现实世界中的物体、几何体和平面图形的形状、大小、位置关系及其变换,它是人们更好地认识和描述生活空间并进行交流的重要工具。

★ 思维导图

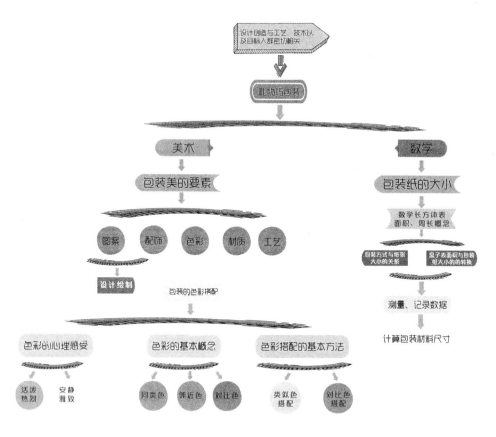

★ 教学年级

五年级

★ 教学时长

60 分钟

10.2 教学目标分析

10.2.1 大概念

(1) 审美是能欣赏领会事物的美好。

(2) 空间思维是运用几何和计算等数学知识对现实世界的物体进行构建。

(3) 运用审美和空间思维能够解决现实问题。

10.2.2 知行为教学目标

★ 知

(1) 知识点

① 色彩搭配的原理与技巧(色彩三要素、色相配色);

② 色彩的心理学知识(色彩的象征意义、心理颜色);

③ 数学表面积、周长的原理。

(2) 学科概念

① 色彩感受力、审美力、设计应用能力;

② 空间观念、数学应用意识、问题解决与知识应用能力。

(3) 跨学科概念

合作、相互联系。

★ 行

(1) 学科技能

① 分析美观的包装所包含的要素;

② 描述不同色彩搭配的感受,推测色彩原理与技巧;

③ 使用数学知识,理解不同礼物包装所需材料的大小尺寸问题,选取相应的材料;

④ 完成一个美观、得体的礼物包装。

(2) 跨学科技能

人际沟通、批判性思维、问题解决。

★ 为(情感、态度、价值观)

关注生活中的色彩搭配,体验运用色彩搭配美化生活的乐趣,并提高自己的生活品味,从而表现出对生活的热爱。

10.2.3 教学重难点分析

重难点：

美术：了解色彩搭配的基本原理，掌握色彩搭配的方法，并应用于礼物包装的搭配中。

数学：学会计算长方体表面积，能对应找出包装盒的长、宽、高，计算出包装纸的大小。

设立该知识点为重难点的原因：

(1) 在生活中，色彩往往带给人直观的第一印象，良好的色彩搭配能令人倍感舒适愉悦。掌握色彩的基本原理既是美术学科的重点，也是学生未来生活所要具备的一般的审美素养。了解色彩搭配的知识简单，但学会灵活并有意识地运用，是难点，因此色彩搭配成为礼物包装需要涉及的一个重难点。

(2) 从立体正方体表面积，转换到平面包装纸大小尺寸的过程，需要发挥空间想象力，但每个学生的想象力又各有不同，并且包装纸由于包含折叠的部分，因此与数学上所讲的表面积又有一些不同。因此这两点便成为解决礼物包装这一问题中的课中的重难点。

突破该重难点的方法：

(1) 通过实物、图片的欣赏感受，分析色彩搭配背后的基本原理，辨别搭配的方法。借由为他人搭配一个礼物包装的情境活动，掌握色彩搭配的方法。

(2) 运用交互式白板的拖拽、涂写和书写功能，帮助学生建立对立方体表面积与实际礼盒包装间的空间转换，学会用长宽高计算所需包装纸的大小。

10.2.4 教学评价设计

(1) 评价活动

① 选包装，搭包装

学生选择自己喜欢的礼盒包装，从色彩和受众的角度解释选择包装色彩搭配的理由。通过教师事先准备好的各色包装礼盒、丝带以及造型各异的卡片，学生参与现场搭配。

② 计算、挑选相应的包装纸

预设6种尺寸、色彩各异的包装纸以及未经裁剪的大包装纸，各组代表根据各自包装盒的款式，带上计算出的数据前往购买，计算结果正确与否会自动得到反馈。

③ 作品展示，介绍说明。

(2) 评价方式

形成性评价：通过行为观察、语言表达和实践操作等形式达成；

总结性评价：是否完成一个色彩搭配和谐、制作精致的包装；

学生自评、他评：现场投屏展示各组作品，并进行介绍说明；学生间自主投票，选出最佳作品。

(3) 评价标准

评价项目	评价标准及等级描述	自评	互评	师评
审美性	★★★：包装的色彩搭配与制作都较为美观，符合一定的审美标准。 ★★：运用色彩搭配的方法，但整体美观性一般。 ★：缺乏审美性，色彩搭配不够和谐。			
准确性	★★★：灵活运用几何和数学计算知识，进行测量和计算，准确购买到包装纸完成包装。 ★★：按照方法进行测量和计算，但在空间转换(计算)中存在错误，包装中材料大小有出入。 ★：没有运用空间思维，进行数据测量与计算，直接徒手包装。			
参与程度	★★★：积极举手发言，积极参与讨论与交流。 ★★：能举手发言，有参与讨论。 ★：稍有举手发言，较少参与讨论。			
分工合作	★★★：有明确的分工且贯彻实施，每个成员都安排了相应的任务，并且每个人明确自己的任务，有组织执行。 ★★：有基本的分工，但是分工不系统，或执行分工不彻底，或出现没有承担任务的成员。 ★：分工不明确，每个成员不清楚自己的角色。			
展示说明	★★★：展示清晰明确，清晰地说明了包装色彩搭配的特点，目标人群。认识到审美与空间思维在解决现实问题中的关联。 ★★：小组对自己组所包装的礼盒能说明展示，但比较简单。 ★：在展示中，小组对包装过程的描述缺乏逻辑，不能说明自己礼物包装色彩搭配的特点和优势。			

10.3 教学过程

★ 体验

(1) 问题情境

午间我正在教室里进行管理，有两名女生在我的眼皮子底下换了座位，时而交头接耳，手中忙碌地摆弄着彩纸。换座位、不学习、还讲话"三宗罪"。于是我严肃地走上前去,提醒她俩赶紧把东西收掉。没想到姑娘急了,原来今天是她们好朋友的生日,她们想将礼物包装的更漂亮一些,可材料有限,只有彩纸,徒手包了几回,纸的大小又不合适,不够精致。试了几次,正烦恼。突然她俩眼睛一亮,诶,这不是美术老师的专长?她俩斜眼一对,决定聘用我来协助,共同解决这个礼物包装问题。

(2) 导入问题

① 老师为大家带来了一份礼物,看,你喜欢吗?

② 你不知道里边装着什么,为什么就喜欢了?

(3) 任务布置

① 思考包装美包括哪些要素?哪种要素最为直观?

② 列出包装过程中可能会涉及的步骤、环节。

★ 新知

课堂以四人小组为单位展开学习活动。

问题1：如何进行色彩搭配？

教师出示几组具有典型色彩搭配的图片,同学们分别表达自己的色彩感受。

<u>暖色热烈欢快,冷色宁静清新,对比色搭配活泼亮丽,同类色搭配则和谐稳重。</u>同时,借助色相环进一步加深了大家对色彩知识的理解。学生认识到<u>不同的色彩搭配于人的心理感受是不同的,每个人性格不同对色彩的喜好也不同。</u>

活动设计：包装"你来选"、"帮我搭"两个活动环节

设置包装"你来选"和"帮我搭"两个环节。请几名同学从色彩和受众的角度解释自己选择的理由。

在第二个活动中,学生通过教师事先准备好的实物：各色包装好的礼盒、丝带以及造型各异的卡片,进行现场搭配体验,<u>经历了一个完整的审美思维过程,解决了色彩搭配这一教学重点。</u>同时,现场还预备了不同大小和外形的卡片,通过"老师这么配怎么样?"的提问,培养学生的观察、分析能力,提前让学生有<u>大小匹配的意识,解决后期在卡片(配饰)设计中可能出现的问题。</u>

问题2：我们该"买"多大的包装纸呢?

在体验和掌握了包装搭配的基本技巧后,就要选材料了。那么该买多大的包装纸和多长的丝带作材料呢?怎样才能达到"物尽其用"不浪费呢?

- 建立空间概念

数学教师巧妙利用iPad中的几何类APP Shapes,学生通过触摸可任意翻转从各个角度观察长方体、同时模拟长方体各种形式的展开图,帮助孩子拓展空间想象力,同时为后续计算包装纸做铺垫。

- 礼物包装方式与纸张大小的关系

借助iPad,小组自学微课《长方体礼物包装操作》并根据各自情况选择反复学习、重点学习片段。通过iPad直观形象,辅助学生掌握美术教学中包装这一难点。

活动设计:(小组合作)

- 通过观看《长方体礼物包装操作》微课,完成以下学习任务:
① 根据微课,探究包装的方法和要点。
② 说说表面积与包装纸之间大小有什么关系。

- 盒子表面积与包装纸大小的关系

从数学的长方体表面积到实际的包装纸尺寸,数学抽象模型与实际操作有很大的不同,需要学生找到两者对应的数据关系。

数学老师借助交互式电子白板的拖拽、书写等功能,请学生观察长方体的长、宽、高与长方体展开图数据之间的一一对应关系,进而理解长方体展开图与实际需要的长方形包装纸数据之间的一一对应关系。

在整个过程中,学生参与互动上台动手操作,在教师的讲解与互动中分析清楚包装纸尺寸计算所需数据并能准确计算。

★ 应用和创造

生活中,礼物不同,包装盒的大小也就各异。请学生用4包一模一样的纸巾来自由组合,构成不同的盒子外形。不同的组合方式,会形成不同的表面积,所需的包装材料就会不同。每组学生根据自己组的情况,运用数学知识举一反三、灵活计算。

活动设计:(小组合作)

- 小组根据设想的礼物,将4包一模一样的纸巾组合、粘贴成一个礼盒(立方体)。

① 预设6种不同的组合方式。
② 各小组根据各自喜好组合成礼盒。
③ 思考、研讨不同礼盒所需的包装纸的形状、大小。
④ 小组分工合作,确定赠送对象、包装纸的色彩搭配、完成礼物的包装及卡片配饰。

课堂成果最终是以礼物包装的视觉形象来呈现,因此,在结尾环节,对包装完成的礼物盒子只是其中一个部分,学生还需要对本次课发表自己的感想。

10.4 拓展活动

问题:如何进一步设计、完善包装?

任务 1： 学生课后查阅、搜集图文资料。了解梳理包装的用途、材质、结构、装饰、分类等资料。完成一份调查报告。

任务 2： 以生活中具体的一个包装为例，从艺术与技术角度展开分析。

任务 3： 仿照或改进设计一个自己的包装。

（杭州市京都小学　李智佳）

11. 成长的旅行——旅途见闻的记录与分享

> 11.1 教学主题概述 / 178
> 11.2 教学目标分析 / 180
>   11.2.1 大概念 / 180
>   11.2.2 知行为教学目标 / 180
>   11.2.3 教学重难点分析 / 181
>   11.2.4 教学评价设计 / 181
> 11.3 教学过程 / 182
> 11.4 拓展活动 / 183

11.1 教学主题概述

★ **教学主题**

本堂跨学科整合课以"成长的旅行"为主题,整合了六下语文的《藏戏》、六下英语的"Where did you go?"、六下美术的"风景摄影"、六下音乐的"火车来了"等内容,学生在课堂上畅谈不同地区的民风民俗,并学会用各种形式记录和分享自己的旅途见闻。

★ **主题归属**

- 地域文化特色点
- 教材内容相通点
- 学生生活兴趣点

★ **涉及学科领域**

语文:部编版小学六年级下册《藏戏》

英语:人教版小学六年级下册"Where did you go?"

美术:浙美版小学六年级下册"风景摄影"

音乐:人音版小学六年级下册"火车来了"

★ 相关学科课程标准描述

学科	学段	描述
语文	第三学段	在阅读中揣摩文章的表达顺序，体会作者的思想感情，初步领悟文章基本的表达方法。在交流和讨论中，敢于提出自己的看法，作出自己的判断。
英语	第三学段	能在口头表达中做到发音清楚、语调达意；能就所熟悉的个人和家庭情况进行简短对话；能运用一些最常用的日常套语(如问候、告别、致谢、致歉等)；能在教师的帮助下讲述简单的小故事。
美术	第三学段	选择适合于自己的工具、材料，记录与表现所见所闻、所感所想的事物，发展美术构思与创作的能力，传递自己的思想和情感。
音乐	第三学段	在感知音乐节奏和旋律的过程中，能够初步辨别节拍的不同，能够听辨旋律的高低、快慢、强弱。能够感知音乐主题、乐句和段落的变化。

★ 思维导图

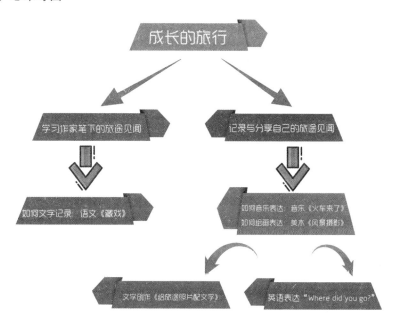

★ 教学年级

六年级

★ 教学时长

60 分钟

11. 成长的旅行——旅途见闻的记录与分享

11.2 教学目标分析

11.2.1 大概念
(1) 文化总是与特定的地理位置、社会环境和时代条件相联系的。
(2) 多样化的实践形式有助于在文化视角下观察和理解生活。

11.2.2 知行为教学目标

★ 知

(1) 知识点

① 了解《藏戏》的形成及其特色,体会传统戏剧艺术独特的魅力和丰富的文化内涵。

② 学习风景摄影的有关知识,了解构图的基本原则。

③ 欣赏《火车来了》,了解新疆柯尔克孜族。

④ 学习英语的一般过去时,并能在实际情境中正确运用所学对话。

(2) 学科概念

① 在阅读中积累丰富的语言,在写作中运用不同的表达。

② 在具体情境中学习英文的语法概念。

(3) 跨学科概念

① 在小组合作和相互评价中学习语言。

② 在文化视角下观察和理解生活。

★ 行

(1) 学科技能

① 学习文章准确的说明和生动形象的描述,并能用自己的话介绍祖国的民风民俗。

② 能从美术的构图角度评价别人拍摄的照片。

③ 能用英语的过去时介绍自己的旅游照片,并和同伴交流分享。

(2) 跨学科技能

团队合作能力,查找、运用资料的能力。

★ 为(情感、态度、价值观)

(1) 通过对各地民风民俗的交流分享,激发对祖国大好河山和风土人情的热爱之情。

(2) 培养进一步了解各地民风民俗的兴趣。

11.2.3 教学重难点分析

重难点 1：通过课堂练笔，学习作家准确的说明和生动的表达，并能用自己的话介绍旅途见闻。

设立该知识点为重难点的原因：该教学内容是学生介绍旅途见闻的关键，是语言学习从模仿到运用的体现。

突破该重难点的方法：将课堂上习得的说明和表达方法用课堂练笔的形式加以展现，真正学以致用。

重难点 2：通过情境对话，能用英语的过去时介绍自己的旅游照片，并交流分享。

设立该知识点为重难点的原因：英语的过去时是小学高段的一个重要语法点，学生比较容易出错。

突破该重难点的方法：为过去时的学习提供一个具体的情境，在真实的情境对话中加以运用。

11.2.4 教学评价设计

（1）评价活动

学生把贴有旅行照片和写有中英文介绍的练习纸进行个性化的美化加工，在班级中举行一次"旅途见闻的记录与分享"展览会。

（2）评价方式

自评、互评、师评三者相结合。

（3）评价标准

"旅途见闻的记录与分享"评价量规

评价项目	评价标准及等级描述	自评	互评	师评
中文说明	★★★：能用上两种或两种以上课上学到的修辞手法，内容具体生动，语句通顺。 ★★：能用上一种课上学到的修辞手法，内容比较具体，语句比较通顺。 ★：没有用上排比、反问、夸张等修辞手法，内容不够具体，语句不够通顺。			
英文说明	★★★：用了课上学到的四个句子，语法或拼写错误少于三个。 ★★：用了课上学到的四个句子，有三个以上的语法或拼写错误。 ★：没有用课上学到的四个句子，或者只写了一两句。			
照片拍摄	★★★：构图主次分明，突出主体。主次之间的虚实和均衡关系处理得当。 ★★：构图能看出主次，比较突出主体。主次之间的虚实和均衡关系处理比较得当。 ★：构图主次模糊，没有突出主体。主次之间的虚实和均衡关系没有处理好。			

11.3 教学过程

★ 体验

(1) 问题情境

"读万卷书,行万里路。"现如今很多同学会在节假日外出旅游,在饱览祖国大好河山的同时,也能领略到不同地区的民风民俗。(课件出示一些学生的旅游照片)

(2) 导入问题

那么,我们怎样才能更好地记录和分享旅途见闻呢?这就是我们今天这节课的学习任务。

(3) 任务布置

我们先要学习作家笔下的旅途见闻,然后要用所学的知识为自己的旅行照片配上中文和英文的说明,在班里举行一次"旅途见闻的记录与分享"展览会。

★ 新知

(1) 学习作家笔下的旅途见闻——语文《藏戏》

① 课前学生预习课文,并把自己的学习成果写成了预习作文。

② 根据预习作文的情况,学生分成三个组,在课前进行了组内交流,分别是收获组、鉴赏组、资料组。

③ 进行《藏戏》的预习分享会,每组派代表读预习作文,课件同步出示作业照片,教师随机点评,学生深入学习。

④ 通过预习作文分享会,学生对这篇课文的写法有了全面的了解,教师进行总结,如排比、反问、夸张、同一意思的不同表达等。

⑤ 教师播放藏戏的视频。

★ 应用和创造:记录与分享自己的旅途见闻

(1) 音乐《火车来了》美术"风景摄影"

① 请学生猜测,老师去了哪里旅游?(出示新疆的照片:风景、美食、服饰等)配乐《火车来了》。

② 教师介绍新疆及新疆柯尔克孜族民歌《火车来了》。

③ 让学生用风景摄影的要求来评价一下老师拍的照片。

④ 学生拿出自己的旅游照片,以四人小组为单位,从美术角度欣赏、评价同学的照片。

(2) 语文"给旅途照片配文字"

① 布置任务:给照片配上文字说明。

② 课堂小练笔：用《藏戏》中学到的方法(如排比、反问、夸张、同一意思的不同表达等)，介绍自己的照片(从节日、饮食、服饰、民居、艺术形式等方面选择其一进行介绍)。

③ 交流反馈。(指名上台展示照片和文字)学生评价：从文字内容和照片拍摄两个方面来评价。

(3) 英语"Where did you go?"

① 杭州是一个国际化城市，如果我们要向外国友人来介绍自己的照片，又该怎么说呢？要求学生用过去式的有关句型来进行介绍。教师示范：Look at my photo, please. I went to Xinjiang. I ate lots of mutton kebabs. They were delicious. I was very happy. (中文翻译为：请看我的照片。这是我在新疆旅游。我吃了很多羊肉串。它们真美味。我很高兴。)

② 讲解这四个句子。Look at my photo, please.(请看我的照片。) I went to ... (去了哪里) I ....(做了什么) I was ....(心情怎样)

③ 请学生在刚才的照片中文下面，写上英文介绍。

④ 同桌操练：用上英语第三单元学过的句型，进行情景对话。一人扮演外宾，一人来介绍自己的照片。

⑤ 交流反馈，上台展示。

⑥ 作业纸适当美化，举行一次"旅途见闻的记录与分享"展览会。

11.4 拓展活动

学生用课上学到的方法，制作中英文旅行游记或者编写中英文旅行小报，完成后通过班级群、板报等形式进行交流分享。

(杭州市京都小学　梅莹)

12. 我是气象观测员

```
12.1  教学主题概述 / 184
12.2  教学目标分析 / 186
      12.2.1  大概念 / 186
      12.2.2  知行为教学目标 / 186
      12.2.3  教学重难点分析 / 187
      12.2.4  教学评价设计 / 187
12.3  教学过程 / 188
12.4  拓展活动 / 190
```

12.1 教学主题概述

★ 教学主题

本节课以自主观测天气为主题,通过开展制作天气日历的活动,培养学生熟悉温度计、雨量杯等工具的使用和各种天气符号。

★ 主题归属
- 地域文化特色点
- 教材内容相通点
- 学生生活兴趣点

★ 涉及学科领域

科学:教科版四年级上册"天气"

数学:浙教版四年级上册"统计"

★ 相关学科课程标准描述

学科	学段	描 述
科学	第二学段	**科学探究**：知道空气流动是风形成的原因；能够使用简单的仪器测量物体的长度、质量、体积、温度等常见特征，并使用恰当的记录单位进行记录；课程结束后能对过程、方法和结果进行反思，作出自我评价与调整。 **科学态度**：能分工协作，进行多人合作的探究学习；培养实事求是的科学态度。
数学	第二学段	**知识技能**：经历数据的收集、整理和分析的过程，掌握一些简单的数据处理技能；能选择合适的估算方法或借助计算器解决简单问题。 **数学思考**：进一步认识到数据中蕴含着信息，发展数据分析观念；在观察、实验、猜想、验证等活动中，发展推理能力，能进行有条理的思考，能比较清楚地表达自己的思考过程与结果。 **问题解决**：尝试从日常生活中发现并提出简单的数学问题，并运用一些知识加以解决；经历与他人合作解决问题的过程，尝试解释自己的思考过程；能回顾解决问题的过程，初步判断结果的合理性。 **情感态度**：在他人的鼓励和引导下，体验克服困难、解决问题的过程，相信自己能够学好数学；在运用数学知识和方法解决问题的过程中，认识数学的价值；初步养成乐于思考、实事求是等良好品质。

★ **思维导图**

★ **教学年级**

四年级

★ **教学时长**

110 分钟

12.2 教学目标分析

12.2.1 大概念

根据观察需要选择正确的工具和方法并真实记录天气的各个要素,根据处理后的信息完成天气日历,同时培养观察、记录的能力,形成良好的科学素养。

12.2.2 知行为教学目标

★ 知

(1) 知识点

① 初步感知可以从云量、降水量、气温、风向和风速等天气现象来描述天气。

② 知道常见的一些天气现象和天气符号。

③ 通过亲自观察认识到天气每天都在发生变化。

④ 气温是指室外阴凉、通风地方的温度,每天应选择同一时间来测量气温。

⑤ 风可以通过自然界中事物的变化来感知,可以用风向和风速来描述。

⑥ 降水量的多少可以用雨量器来测量。

⑦ 根据云量的多少,天气可分为晴天、多云和阴天;云在天空中是会变化的,不同的云预示着不同天气的来临。

⑧ 天气是不断变化的,对长时间观察记录的天气信息进行分析和整理,可以帮助我们认识天气的一些特征,了解天气变化的一些规律。

(2) 学科概念

科学:测量工具的使用方法,熟悉天气符号。

数学:计算表降雨概率。

美术:美化天气日历。

(3) 跨学科概念

能综合科学、数学知识,综合分析解决问题。

★ 行

(1) 学科技能

在自主探究、合作交流中发展数据处理、模型思维能力;在解决实际问题的过程中理解科学概念,发展科学思维。

(2) 跨学科技能

通过小组合作实践探究,在数据处理与实物建模的基础上发展指向知识的理解与应用的思维建模,从知识架构到思维架构,促进模型思维的训练与发展。

★ 为(情感、态度、价值观)

(1) 感受到长时间进行科学观察和记录。

(2) 意识到天气每天都在发生着变化并影响着我们的生活,提高关心天气的意识。

(3) 意识到长期的观察和记录能帮助我们了解到更多的天气信息。

12.2.3 教学重难点分析

重难点:通过引导学生制作一张天气日历,让学生明白理解天气符号的含义和对不同天气的描述。

突破该重难点的方法:将实验结果与大数据比较,将实验操作纳入评价中,提高学生的意识。

12.2.4 教学评价设计

(1) 评价活动

各小组完成制作后将成品集中在展示台展出,教师给每个小组至少3分钟的时间进行展示,主要围绕"天气日历是否符合观察实际"、"外表是否美观"等问题进行讲解与反思,并回答其他小组提出的问题。

(2) 评价方式

形成性评价:通过行为观察、语言表达和实践操作等形式达成;

总结性评价:是否完成一个外观符合审美要求,记录科学规范的天气日历;

学生自评、他评:现场展示各组作品,并进行介绍说明;学生间自主投票,选出最佳作品。

(3) 评价标准

评价项目	评价标准及等级描述	自评	互评	师评
工具使用	★★★:正确选择工具且能规范使用。 ★★:正确选择工具,但使用不规范。 ★:工具选择错误,使用不规范。			
小组分工与合作	★★★:分工明确,执行有效率。 ★★:有分工,但执行混乱。 ★:无明确的人员分工。			
记录情况	★★★:记录属实且规范。 ★★:记录属实,但不规范。 ★:基本不属实且不规范。			

续表

评价项目	评价标准及等级描述	自评	互评	师评
制作和美观程度	★★★：制作良好,较美观。 ★★：制作一般,考虑了美观设计。 ★：制作粗糙,不美观。			
总结展示	★★★：组员共同汇报,能详细介绍产品,表达能力强。 ★★：一到两人上台汇报,表达能力强,表述较完整。 ★：一人上台汇报,表述不完整。			

12.3 教学过程

★ 体验

(1) 问题情境

充分利用天气预报,出示近期的天气情况和未来的天气预报,引入情境：学校请我们当天气播报员,播报天气情况,并提出生活上的建议。如何用科学知识帮助我们更好地记录天气情况？

(2) 导入问题

① 出示一张"城市天气预报图"：这是一幅中央气象台的天气预报图,图中显示了哪些天气现象？

② 根据学生的回答在黑板上粘贴相应的天气符号并写上名称。

③ 提问：你们还知道哪些天气现象？（根据学生回答出示相应符号）

④ 发给每一组一套天气符号：请大家对这些天气现象进行分类。

⑤ 汇报交流。

⑥ 提问：天气对我们的生活有什么影响？

看来明天是个适合出行/不适合出行的日子啊,可老师的朋友打算12月来杭州游玩,想问一问老师12月(半年后)的天气怎么样,这可把我难住了,你们有办法预测今年12月的天气吗？

气象工作者不仅知道第二天的天气情况,甚至可以推测出半年后的天气情况。想一想,他们是怎么知道的呢？（他们每天都把当天天气情况记录下来,像这样的记录着每天的各种天气现象的表格我们就把它称为天气日历,通过历年的天气日历,可以大概推测出未来的天气情况。板书：天气日历)天气日历有什么用呢？（记录和分析气象信息,总结以往的气象规律,预测今后的天气变化。）

(3) 任务布置

① 驱动性问题：作为学校"气象观测员"需要具备哪些知识与能力？我们如何胜任这个职位？

② 学生小组讨论，交流研讨。

③ 小组展示交流，完成项目学习思维导图。

④ 聚焦主题：天气日历设计与制作。

⑤ 引导学生回顾"初设计"日历中各种天气要素的书写方法。

⑥ 执行任务：学生四人一小组设计天气日历。

各小组根据"天气日历"中各种天气要素在记录单中记录每天的温度、风向，确定要选择的仪器，教师在教室内巡视，观察各小组记录、讨论实践情况，并用问题引导学生思考：①你们考虑温度该在什么时候测量吗？②如何测量看不见的风？

为期一个月，观察并记录每一天的天气情况，完成天气日历。

★ 新知

再现情境：因学校"气象观测站"项目工作组需要，现招聘几位"气象观测员"。这位"观测员"既要认识常见的天气符号，也要懂得如何科学使用测量仪器，记录数据。

出示要求："面试第一关"

① 正确读出天气符号的含义。

② 正确回答仪器使用步骤。

③ 正确使用观测仪器。

④ 正确、忠实地记录观测到的数据。

在不同的环境人们会做不同的事情，试着用新知识解释人类喜欢生活在什么样的环境中。

天气是不断变化的，对长时间观察记录的天气信息进行分析和整理，可以帮助我们认识天气的一些特征，了解天气变化的一些规律。

★ 应用和创造

各小组完成制作后将成品集中在展示台展出，教师给每个小组至少3分钟的时间进行展示，主要围绕"天气日历是否科学"、"外表是否美观"等问题进行讲解与反思，并回答其他小组提出的问题。

在完成反思提问后，修改自己小组的天气日历，在班级窗台上举行为期一周的展览，评选出最科学、美观的作品参加校园评比。

在校园内选取三个地点，观察在不同的地点的温度和湿度，做一份温度湿度地图。试着用这份地图说一说哪个地点附近的环境更适宜人们生活，并回答为什么在同一个校园里会有比较大的温度、湿度差距。

12.4 拓展活动

选择最好的两到三个小组通过校园广播向全校同学播报每天的天气情况,并对衣食住行提出建议。

(杭州市京都小学　王洋)

13. 特殊的年历卡

13.1 教学主题概述 / 191
13.2 教学目标分析 / 193
  13.2.1 大概念 / 193
  13.2.2 知行为教学目标 / 193
  13.2.3 教学重难点分析 / 194
  13.2.4 教学评价设计 / 194
13.3 教学过程 / 195
13.4 拓展活动 / 196

13.1 教学主题概述

★ **教学主题**

结合二年级学生的学习特点，为了学生能有效的学习运用课本上的知识，并且在落实课程整合于课堂日常教学的过程中培养学生的综合素养，设计者将二年级下册语文教材中涉及"传统节日"相关知识与语文三年级上册涉及的"元日"、"清明"等诗歌，与数学三年级下册的"年月日"相结合，并穿插英语音乐等其他科目，借助真实问题情境为学生提供一堂生动有趣的跨语文、数学整合课程。

整个学习过程是基于京都小学外教老师丹尼尔提出的真实问题："中国年历卡与西方年历卡有什么不同？"让学生探寻中国传统年历卡上传统文化、传统节日相关部分，在探索中学习传统文化知识，了解传统习俗和节日，同时了解年历卡，学习数学年月日的秘密，随后让学生通过写信的方式给外教老师丹尼尔解答年历卡相关知识，收获丹尼尔的"单词礼物"完成整个课程内容的学习。

★ **主题归属**

- 地域文化特色点

- 教材内容相通点
- 学生生活兴趣点

★ 涉及学科领域

语文：部编版小学二年级下册《传统节日》

部编版小学三年级下册"古诗三首"《元日》诗歌

数学：人教版小学三年级上册"年月日"单元

★ 相关学科课程标准描述

学科	学段	描述
语文	第一学段	阅读：结合上下文和生活实际了解课文中词句的意思，在阅读中积累词语。（借助读物中的图画阅读）
数学	第一学段	数学思考： 1. 在观察、操作等活动中，能提出一些简单的猜想。 2. 会独立思考问题，表达自己的想法。 解决问题： 1. 能在教师的指导下，从日常生活中发现和提出简单的数学问题，并尝试解决。 2. 体验与他人合作交流解决问题的过程。 情感态度： 了解数学可以描述生活中的一些现象，感受数学与生活有密切联系。

★ 思维导图

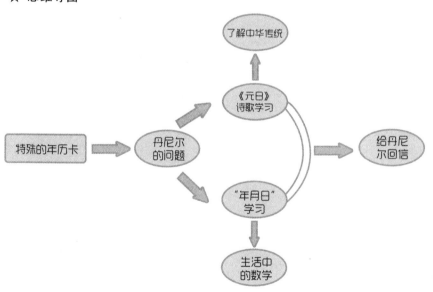

★ 教学年级

二年级

★ 教学时长

50分钟

13.2 教学目标分析

13.2.1 大概念

(1) 诗歌是中华民族传统文化的精髓,阅读、品味诗歌能吸收传统文化的营养以丰富自己的精神世界,提高自己的欣赏品味和审美情趣。

(2) 年月日是人们日常实际生活和适应社会发展之所必需。

13.2.2 知行为教学目标

★ 知

(1) 知识点

① 学生能够读懂语段中的特殊词、句,有感情地朗读句子。

② 学生能通过观察、猜测、推理等活动发现事物中简单的排列规律,理解规律的含义并能描述和表示规律。

③ 学生能理解诗歌中每个字词的概念与意思。

(2) 学科概念

① 学生能具备基本的口语表达能力及简单的语言概括能力;

② 学生能根据生活常识进行合理联想的推理能力。

(3) 跨学科概念

① 用简单的语言概括数学年月日的概念;

② 从颜色到常识的相互关联性。

★ 行

(1) 学科技能

① 朗读诗歌,能根据上下文说出具体词语的意思,能说出传统假日传统习俗的好处。

② 初步的观察、概括、推理和逻辑思维能力。

(2) 跨学科技能

利用搜集到的信息发现问题、提出问题、解决问题的能力及提高合作交流的意识。

★ 为(情感、态度、价值观)

(1) 培养探索身边问题的兴趣,感受到生活的规律美,感受到生活中处处有数学。

（2）体验与他人合作交流的过程，能倾听别人的意见，尝试对别人的想法提出建议，知道应该尊重客观事实。

13.2.3 教学重难点分析

教学重难点：通过学习古诗词，了解传统文化节日和传统习俗；通过掌握年月日规律学会看年历卡并寻找生活中的数学。

设立该知识点为重难点的原因：学习古诗词、理解古诗词的词语意思与年月日规律等都涉及较综合、复杂的知识体系。学生要在一节课内融会贯通并联系到生活承上启下难度较大。

突破该重难点的方法：利用图表、影像资料与拓展知识和真实情境，将知识点串联融合起来，使得学生在实际应用中运用知识点，掌握方法，提高对中国传统节日与习俗的认识，学会在生活中看年历卡。

13.2.4 教学评价设计

（1）评价活动

学生独立完成"给丹尼尔的一封信"。

（2）评价方式

自评、互评、师评。

（3）评价标准

评价项目	评价标准及等级描述	自评	互评	师评
学习《元日》诗歌	★★★：能流利背诵诗歌，说出诗歌中介绍的传统节日：春节，用自己的语言完整地介绍诗歌中春节相关习俗活动； ★★：能正确地背诵诗歌，说出是诗歌介绍的传统节日：春节，简单介绍诗歌中的春节相关习俗活动； ★：能正确地朗读诗歌，知道诗歌介绍的是春节这个传统节日。			
介绍传统节日的相关习俗	★★★：知道春节以外的 2 种以上传统节日及相关习俗，不同的节日对应不同的习俗，能给丹尼尔完整地写一封信介绍这些习俗； ★★：知道春节以外一种传统节日及相关习俗，基本能分清不同的节日对应不同的习俗，能给丹尼尔写一封信简单介绍； ★：通过课程学习知道了春节及相关节日，能给丹尼尔写信介绍春节。			

续 表

评价项目	评价标准及等级描述	自评	互评	师评
认识并运用年月日	★★★：能流利说出大小月、特殊月的特点，了解平年、闰年，能根据规律推断未来某年2月的天数，背出大小月规律口诀，能运用月份天数规律解决生活中喝牛奶的实际问题； ★★：能基本正确说出大小月、特殊月的特点，了解平年、闰年，能根据提示讲出大小月规律口诀，能在提示下运用月份天数规律解决生活中喝牛奶的实际问题； ★：知道月份有大、小、特殊之分，能根据提示讲出大小月规律口诀，能根据提示在年历卡上区分大小月。			

13.3 教学过程

★ 体验

以真实问题导入，了解传统。(10分钟)

(1) 丹尼尔的疑问：以丹尼尔提问视频，导入新课，探索中国传统年历与公历的不同，引出传统节日："清明"、"春节"等引入课题。

(2) 认识"传统"及"传统文化"一词。

(3) 复习旧知，师生共同复习学习过的传统节日：春节、元宵节、清明节、端午节、乞巧节、中秋节、重阳节。

★ 新知

(1) 学习诗歌《元日》

① 从诗歌题目引入诗歌内容——"元日"代表一年新的一天，了解诗歌所写的传统节日正是"春节"，引入新课。

② 正字音，读准诗句，了解诗歌押韵"ú"。

③ 借助诗歌注释(三年级首次出现)，猜测诗句大意，找找与《传统节日》课文中写到春节习俗一致的诗句。(连一连)

④ 找出诗歌中涉及的春节传统习俗，根据拓展资料口头说一说：放爆竹、喝屠苏酒、贴桃符。

⑤ 在理解的基础上背诵诗歌。(白板遮盖、挪开)

(2) 给"传统节日"排序导入年历学习

① 学完"元日"，指名学生说说其他传统节日及习俗。

② 借助年历卡给各式传统节日排序。

③ 介绍"农历"——中国传统年历，全世界不少国家都有各自的农历。

④ 引出公历——全世界通用的年历。

(3) 学习年历卡中"年月日"的关系

① 探究公历中年月日的关系,学习大小月、特殊月。(全班同学每人拿一张任意一年的年历卡)

② 寻找不同年份 2 月的天数关系,了解平月、闰月、平年、闰年,发现 2 月利用每四年出现一次 29 天的规律,并利用 4 年一循环推断未来某年 2 月天数,判断平闰。

③ 借助手和口诀区分并记住大小月。

④ 应用年月日的知识解决实际生活中的问题:丹尼尔一个月喝 30 瓶牛奶够不够?

★ 应用和创造

(1) 利用学习到的知识给丹尼尔写的一封信。

丹尼尔老师:

您好!

我是( )班的( ),我想和你交朋友!年历卡上的"　　"是我国的传统节日,这天,人们会进行很多传统习俗活动或者吃很多传统美食,比如,( )可热闹了!有机会,一定要和我们一起过节哦!

再告诉你一个秘密,我们把有 31 天的那个月叫"大月",大月有(1)( )( )(8)( )( )月;把 30 天的(4)( )( )(11)月份称为"小月";剩下一个特殊的月份( )月,它可能有( )天,也可能有( )天。为了记住复杂的大小月,我们还发明了口诀"( )三十一天永不差"!你记住了吗?

2019 年　月　日

(2) 丹尼尔以视频回信教学英语单词"春节"。

13.4　拓展活动

课后学生自学一首与传统节日有关的诗歌,先进行全班性的交流分享;再利用课余时间给虽然已经回国但依然热爱中国传统文化的丹尼尔老师写封信详细介绍一下你最喜欢的传统节日。

(杭州市京都小学　钱慧凝　郭倩玉)

14. 《三国演义》中的科学知识

14.1 教学主题概述 / 197
14.2 教学目标分析 / 199
  14.2.1 大概念 / 199
  14.2.2 知行为教学目标 / 199
  14.2.3 教学重难点分析 / 199
  14.2.4 教学评价设计 / 200
14.3 教学过程 / 201
14.4 拓展活动 / 202

14.1 教学主题概述

★ **教学主题**

以"《三国演义》中的科学知识"为主题,整合了小学五年级语文和科学知识,通过研读《草船借箭》的故事,再配以科学沉浮的小实验,实现让学生了解"沉浮原理"和"诸葛亮是怎样的一位杰出军事家"的教学目标。

★ **主题归属**
- 地域文化特色点
- 教材内容相通点
- 学生生活兴趣点

★ **涉及学科领域**

语文:部编版小学五年级下册《草船借箭》
科学:教科版小学五年级下册"沉和浮"单元

★ **相关学科课程标准描述**

学科	学段	描述
语文	第三学段	**知识技能**：阅读叙事性作品，了解事件梗概，能简单描述自己印象最深的场景、人物、细节，说出自己的喜爱、憎恶、崇敬、向往、同情等感受。阅读说明性文章，能抓住要点，了解文章的基本说明方法。阅读简单的非连续性文本，能从图文等组合材料中找出有价值的信息。 **情感态度**：阅读诗阅，大体把握诗意，想象诗歌描述的情境，体会作品的情感。受到优秀作品的感染和激励，向往和追求美好的理想。
科学	第三学段	**科学知识**：初步了解常用材料的漂浮性能，并能说出在生活实际中的运用。 **科学探究**：能基于所学的知识，从事物的结构、功能、变化及相互关系等角度提出可探究的科学问题；能基于所学的知识，从事物的结构、功能、变化及相互关系等角度提出有针对性的假设，并能说明假设的依据；能基于所学的知识，制订比较完整的探究计划，初步具备实验设计的能力和控制变量的意识，并能设计单一变量的实验方案；能基于所学的知识，通过观察和实验获取事物的信息；能基于所学的知识，用科学语言的方式记录整理信息，表述探究结果；能基于所学的知识，运用分析、比较、推理、概括等方法得出科学探究的结论，判断结论与假设是否一致；能对探究活动进行过程性反思。 **科学态度**：表现出对事物的结构、功能、变化及相互关系进行科学探究的兴趣；能接受别人的批评意见，反思、调整自己的探究；在进行多人合作时，愿意沟通交流，综合考虑小组各成员的意见，形成集体的观点。（参照义务教育小学科学课程标准）

★ **思维导图**

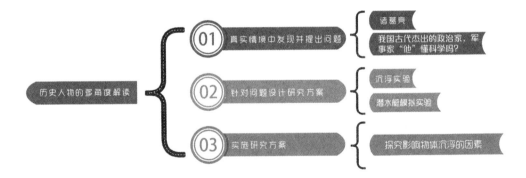

★ **教学年级**

五年级

★ **教学时长**

60 分钟

14.2 教学目标分析

14.2.1 大概念
(1) 感召于历史人物(诸葛亮)的独特能力与优秀品质,从内心深处向他们学习,让自己成为更好的人。
(2) 科学存在于生活的每个角落,科技改变生活。

14.2.2 知行为教学目标
★ 知
(1) 知识点
诸葛亮是怎样一位杰出的军事家,进一步提高孩子对于重要历史人物的了解认识。
(2) 学科概念
① 体积相同的情况下,重的物体容易沉,轻的物体容易浮。(制订……方案)
② 潜水艇应用了物体在水中的沉浮原理。(提出为什么……的原因)
(3) 跨学科概念
合作、相互联系。

★ 行
(1) 学科技能
① 用控制变量的科学方法,探究物体沉浮的原因。(比较、对照)
② 学习用分析的方法研究影响沉浮的因素。(比较、对照、归纳)
③ 体会诸葛亮的神机妙算体现在哪里。(评析、归纳)
(2) 跨学科技能
批判性思维、问题解决。

★ 为(情感、态度、价值观)
(1) 在实验中理解控制变量的科学方法和思想的意义。(接受、赞同)
(2) 感受科学原理应用于实际的巨大作用。(接受、赞同、称赞)
(3) 激发学生阅读名著的兴趣。(继续、贯彻)

14.2.3 教学重难点分析
重难点1:体会诸葛亮的神机妙算体现在哪里。
设立该知识点为重难点的原因:这节课所要解决的一个真实性问题就是:"诸葛

亮是一个怎样的军事家?"只有找到文章中体现诸葛亮神机妙算的内容,才能理解诸葛亮到底是一位怎样的军事家。

突破该重难点的方法: 通过对《草船借箭》这一故事的学习,以具体事例为指引,找到关键句子,通过自身理解,理会诸葛亮的神机妙算。

重难点 2: 用控制变量的科学方法,探究物体沉浮的原因。

设立该知识点为重难点的原因: 沉浮现象在生活中随处可见,在探究沉浮原因的过程,提升学生的探究精神和对科学的热爱。

突破该重难点的方法: 以多个具体、有趣的沉浮实验来探索沉浮的原因。实验是检验真理的唯一标准,学生自己动手做实验,能最真切感受到物体沉浮的原因,且印象深刻。

14.2.4 教学评价设计

(1) 评价活动

通过学生对于"诸葛亮的神机妙算表现在哪里"这个问题的回答来判定学生对于本节课内容的接受程度。

(2) 评价方式

量化评价与质性评价相结合。

(3) 评价标准

"诸葛亮的神机妙算表现在哪里"评价量规

评价项目	评价标准及等级描述	自评	互评	师评
诸葛亮知天文	★★★:能够找到相关句子,且能完整说出诸葛亮知天文这一体现神机妙算的地方 ★★:能够找到相关句子,且能完整表达自己的观点 ★:能够找到相关句子,但表述不清			
诸葛亮明地利	★★★:能够找到句子,且清楚大方的表明诸葛亮正是因为了解风向和水的流向才能顺风顺水回到大本营 ★★:能够找到相关句子,且能说出一定的缘由 ★:能够找到诸葛亮明地利的句子,但各种缘由无法表达			
诸葛亮识人心	★★★:能够找到句子,且能够清楚讲述正是因为诸葛亮识人心,所以能够预判曹操大雾之下不敢出兵 ★★:能够找到相关句子,且能大致说明自己的观点 ★:能够找到诸葛亮识人心的句子			

14.3 教学过程

★ **体验**

(1) 问题情境

引入三国知识背景,介绍三国著名人物,引入情境:在三国这个风云激荡,英雄辈出的年代,又有谁独领风骚呢?!引领学生了解诸葛亮——这位三国时期伟大的人物,到底是一位怎样优秀的军事家?

(2) 导入问题

说起三国,有一个人肯定会提到他:诸葛亮,能谈谈你对他的印象吗?(军事家)

是的,诸葛亮就是这么一个足智多谋、神机妙算的军事家,连他的老对手周瑜都说:(出示)"诸葛亮神机妙算,我真不如他。"

(3) 任务布置

思考:草船借箭的故事中,哪些地方能看出他是一个神机妙算的军事家?

★ **新知**

(1) 通过诸葛亮与周瑜定下军令状,知道三天后必有大雾。

可归纳概括诸葛亮:知天文

(2) 通过诸葛亮的船只顺风顺水回到东吴,曹操的船只无法追赶上。

可归纳概括诸葛亮:明地利

(3) 通过诸葛亮知晓曹操多疑的性格,所以预判曹操因为大雾定然不敢出兵。

可归纳概括诸葛亮:识人心

(4) 总结归纳诸葛亮是一个知天文、明地利、识人心的军事家。

★ **应用和创造**

(1) 应用:

① 学生猜测影响物体沉浮的因素。

② 物体轻重会影响沉浮吗?在体积不 定的情况下,看不出轻重对沉浮的影响。

③ 看不出规律的原因可能是什么?怎么才能研究轻重对沉浮的影响呢?科学家在研究某个影响因素时经常采用控制其他条件不变的办法来研究,我们要研究轻重对沉浮的影响,要怎么办?控制体积相同。

④ 学生实验,完成实验记录单,得出结论:在体积相同的情况下,物体越重,越容易沉,物体越轻,越容易浮。

⑤ 诸葛亮在草船借箭时利用了沉浮原理,满载而归,我们现代也有一种船,巧妙

地运用了沉浮原理,这种船既可以在水面上航行,也可以沉入水中工作,你们知道这种船叫什么吗?

⑥ 学生做潜水艇沉浮的模拟实验,理解潜水艇实现沉浮的原理。体积不变,改变自身重量。

(2) 创造:

通过之前的实验研究,我们发现:同体积下,重的物体容易沉,轻的物体容易浮。这样的科学原理,我们的祖先早就注意到了,正是他们关注到了生活中的一个个科学原理,才成为了杰出的人物。就拿这个沉浮的原理来说吧,不光诸葛亮这位神机妙算的大军师注意到了,曹操的第一谋士——程昱也注意到了,咱们也来看看:

来船渐近。程昱观望良久,谓操曰:"来船必诈。且休教近寨。"操曰:"何以知之?"程昱曰:"粮在船中,船必稳重;今观来船,轻而且浮。更兼今夜东南风甚紧,倘有诈谋,何以当之?"

程昱看到黄盖带领的船队轻而且浮,知道了其中必然有诈,那是因为他知道,如果船舱里装满了粮食,船必然稳重,而现在船舷浮起水面那么高,说明船舱里装的肯定不是粮食,你猜猜,会是什么呢? 没错,就是比较轻的干柴、稻草等容易着火的东西。程昱也明白物体沉浮的原理。

其实,在《三国演义》中,这样的例子还有很多,正是因为他们懂科学、用科学,才想出了一条条奇谋妙计,让三国精彩纷呈,如果你也感兴趣,可以自己也好好地读一读,找一找。

14.4 拓展活动

1. 继续深入阅读《三国演义》,找寻其中包含的其他的科学原理。
2. 动手实验,探究影响物体沉浮的其他因素。

(杭州市京都小学　虞子赢　潘宏)

参考文献

Beane J A. Curriculum Integration: Designing the Core of Democratic Education. [J]. 1997,31(4): 494-497.

Frederick Toralballa Talaue, Mijung Kim, & Tan Aik-Ling. Authentic Finding Common Ground During Collaborative Problem Solving: Pupils' Engagement in Scenario-Based Inquiry. In Young Hoan Cho, Imelda S. Caleon, & Manu Kapur. Problem Solving and Learning in the 21st Century: Perspectives from Singapore and Beyond. Singapore: Springer Singapore, 2015: 133-151.

Jacobs, H. H. E. Interdisciplinary Curriculum: Design and Implementation [J]. Association for Supervision & Curriculum Development Cited in T, 1989: 99.

James A. Beane. 课程统整(当代教育理论译丛)[M]. 单经文,译. 上海: 华东师范大学出版社,2003.

Marian L. Martinello, Gillian E. Cook. Interdisciplinary Inquiry in Teaching and Learning [M]. New Jersey: Prentice-Hall, Inc, Pearson Education, 2000: 30-32.

Mason T C. Integrated Curricula: Potential and Problems [J]. Journal of Teacher Education, 1996,47(4): 263-270.

McCarthy, B. , & McCarthy, D. Teaching around the 4MAT cycle: designing instruction for diverse learners with diverse learning styles [M]. 2006: 24-25.

Morrison J, Buzz Bartlett R V. STEM as a Curriculum [J]. Education Week, 2009. 23: 28-31.

Susan M. Drake, Rebecca C. Burns. 综合课程的开发[M]. 廖珊,等,译. 北京: 中国轻工业出版社,2007: 9-16.

Susan M. Drake, Rebecca C. Burns. 综合课程的开发[M]. 廖珊,黄晶慧,潘雯,译. 北京: 中国轻工业出版社,2007: 33-53.

北京师范大学中国教育创新研究院. 破译21世纪核心素养教育的全球经验[N]. 中国教师报, 2016-06-08(003).

[美]戴维·乔纳森,等. 学会用技术解决问题——一个建构主义者的视角[M]. 北京: 教育科学出版社,2017: 序.

董诞黎,等. 课程整合——课堂教学新变局[M]. 杭州: 浙江大学出版社,2012: 12.

窦桂梅,柳海民. 从主题教学到课程整合——清华附小"1+X课程"体系的建构与实施[J]. 东北师大学报(哲学社会科学版),2014(4): 163-167.

窦桂梅. 新课改背景下课程整合的实践探索——清华大学附属小学"1+X课程"育人体系建构

的案例研究[J].教育研究,2014(2):154-159.

杜威.学校与社会·明日之学校[M].北京:人民教育出版社,2005:34.

[美]格兰特·威金斯,[美]杰伊·麦克泰格.追求理解的教学设计[M].闫寒冰,宋雪莲,赖平,译.上海:华东师范大学出版社,2017:87,76,82.

国家中长期教育改革和发展规划纲要(2010—2020年)[EB/OL]. http://www.gov.cn/jrzg/2010-07/29/content_1667143.htm,2010-07-29.

韩雪.课程整合的理论基础与模式述评[J].比较教育研究,2002,23(4):33-37.

郝琦蕾.国内综合课程研究述评[J].西北师大学报社会科学版,2008,45(2):54-60.

黄甫全.整合课程与课程整合论[J].课程·教材·教法,1996:8.

黄甫全.试论信息技术与课程整合的实质及基本原理[J].教育研究,2002(10):29.

基础教育课程改革纲要(试行)[EB/OL]. http://www.moe.edu.cn/publicfiles/business/htmlfiles/moe/moe_309/200412/4672.html,2001-06-08.

[美]G·墨菲,[美]J·科瓦奇.近代心理学历史导引[M].林方,王景和,译.北京:商务印书馆,1982:147.

教育部关于全面深化课程改革落实立德树人根本任务的意见[EB/OL]. http://www.moe.gov.cn/publicfiles/business/htmlfiles/moe/s7054/201404/167226.html,2014-03-30.

[美]莱斯利·P.斯特弗,[美]杰里·盖尔.教育中的建构主义[M].高文,等,译.上海:华东师范大学出版社,2002:43.

李子建,梁振威,高慕莲.中国语文课程与教学:理论、实践与研究[M].北京:人民教育出版社,2005(8).

刘登珲,李凯.美国学校课程统整研究的进展与反思[J].外国教育研究,2017(10):73-85.

刘登珲,詹姆斯·比恩.课程统整思想研究[J].全球教育展望,2017,46(4):30-39.

刘徽,吴鑫.新加坡真实性学习的实施研究[J].比较教育研究,2018,40(7):53-60.

刘龙珍.小学学科间课程整合研究[D].西南大学,2016.

卢冬梅.试论跨学科课程的基本取向[J].新课程研究:基础教育,2010(1):19-20.

陆璟.PISA测评的理论和实践[M].上海:华东师范大学出版社,2014:14.

[比]罗日叶.为了整合学业获得:情景的设计和开发[M].汪凌译.上海:华东师范大学出版社,2010.

[加国]迈克尔·富兰,[美]玛丽亚·兰沃希.极富空间:新教育学如何实现深度学习[M].重庆:西南师范大学出版社,2016:9-10.

任一平,包亦颖,边宁,董诞黎,胡早娣,邵亦冰.课程整合——课程教学新变局[M].杭州:浙江大学出版社,2012:23.

盛群力,陈彩红.依据学习循环圈的性质施教——麦卡锡的自然学习设计模式评述[J].课程教学研究,2013(1):25-32.

盛群力,马兰主.现代教学原理、策略与设计[M].杭州:浙江教育出版社,2006:152.

孙俊勇,孙俊霞.课程整合:21世纪基础教育课程改革的基调[J].当代教育科学,2012(6):27.

陶继新,孙镜峰.与教师携手走在课程整合之路上[J].基础教育课程,2015(20):4-12.

万伟.学校课程建设视野中的课程统整[J].课程·教材·教法,2017(7):18-23.

翁亚红.有效地整合灵动的生成[D].福建师范大学硕士学位论文,2009:2.

杨小微.综合课程及其动态生成[J].教育学报,2002(12):8-14.

杨志成.论学校课程整合与课程体系建构的一般逻辑[J].课程·教材·教法,2016(8):

55-59.

张华,石伟平.课程理论流派研究[M].济南:山东教育出版社,2001:总序.

张华.关于综合课程的若干理论问题[J].教育理论与实践,2001(6):35-40.

张华.论核心素养的内涵[J].全球教育展望,2016,45(4):10-24.

赵斐,陈为铎.新课程下跨学科教学的意义和途径探讨——以生物和地理学科为例[J].学周刊 a 版,2013(12):164.

赵士果,崔允漷.比恩.课程统整的理念及模式建构[J].全球教育展望,2011,40(7):32-36.

浙江省教育厅办公室关于促进义务教育课程整合的指导意见.[EB/OL].http://www.zjedu.gov.cn/news/144254494146427736.html,2015-09-18.

浙江省教育厅关于深化义务教育课程改革的指导意见[EB/OL].http://www.zjedu.gov.cn/news/142778441751261711.html,2015-03-31.

中共中央 国务院关于深化教育教学改革全面提高义务教育质量的意见[EB/OL].http://www.moe.gov.cn/jyb_xxgk/moe_1777/moe_1778/201907/t20190708_389416.html,2019-06-23.

中共中央办公厅 国务院办公厅印发《关于深化教育体制机制改革的意见》[EB/OL].http://www.gov.cn/zhengce/2017-09/24/content_5227267.htm,2017-09-24.

钟启泉.基于核心素养的课程发展:挑战与课题[J].全球教育展望,2016,45(1):3-25.

钟启泉.真实性——核心素养的精髓[N].中国教育报,2019-06-20.

周淑卿.课程统整模式:原理与实作[M].嘉义:涛石文化事业有限公司,2002:21.

后　记：
苔花如米小，也学牡丹开

2015年的春天，课程改革的春天，京都小学发展的春天。

浙江大学课程研究所副所长刘徽教授带着研究生，带着美国的综合课程设计模型、PYP课程等多项国际上行之有效的跨学科课程设计模型，走进了京都小学。历时两个多月，面对面地沟通，手把手地指点，课题组的老师们从一脸茫然到若有所悟、从战战兢兢到气定神闲，一路摸着石头过河。

5月4日—5月8日，在五(4)班开展了为期一周的跨学科课程整合实验。语文、数学、品德、英语、科学、音乐、美术、体育、信息技术、综合实践等课程以"运河文化"为主题，围绕"水的形态我认识"、"水的韵味我欣赏"、"水与生活我体验"、"人文运河我的家"这四个板块统合各门课程。

最初的跨学科整合教学实施起来，是什么样子呢？一节美术课的课堂，走进了语文和美术两个学科的老师。语文老师呈现学生写的节水标语，美术老师就这些标语进行创作分析："这句话是拟人手法，可以让运河也像人一样吗？"、"大家想一想，从浪漫主义的角度出发，怎么样才有视觉冲击力？"一连串的问题引得现场互动不断，语文课上的标语写作就这样和美术课上的海报设计自然地衔接起来。英语老师和音乐老师合作，从学唱英文歌曲切入，让学生感受不同韵律下水的节奏；为了让学生对水资源的使用和保护有更立体的认识，数学老师带着大家统计一天的用水量，科学老师进行用水状况测量和污水处理，品德老师又告诉大家我国水资源的现状等。

"这个星期的课好有意思，可以在音乐课上画画，在美术课上学数学折线图！"、"老师们都'合体'啦，一块儿过来给我们上课！"、"特别好玩，时间一下就过去了，下课都觉得舍不得。"孩子们谈起这一周的课就滔滔不绝，从他们的"收获卡"上发现，他们享受着同一个课堂上诸多知识的"无缝衔接"，也为发现所学和所用如此贴近而兴奋不已。

一周的课程改革实验不仅在课堂和学生层面发生了明显的变化，也让教师的教学方式悄然发生改变。课程整合形态下的课程模板设计特别包括了跨学科概念、跨学科技能等概念。教师不仅关注本学科原有教学内容的那部分,还需要多留心处在学科交叉地带的知识内容。既能避免跨学科内容的重复教授,也能发现新的学科"联结点"。

初战告捷。浙江教育频道、腾讯大浙网、杭州网纷纷刊载这一基于国家课程的跨学科课程统整实验,5月20日,《浙江教育报》第四版刊登《美丽新世界——杭州市京都小学探索跨学科教育》。6月29日,在浙江大学教育学院与下城区教育局深化全面合作中期汇报会暨京都小学课程改革成果展示活动上,这一实验多种形式的展示获得了专家们的一致好评。

此后,从实验班到实验年级,再到全校整体推进,"跨学科"课程成了每位老师的日常化探索。建立课程统整的意识和概念,不仅仅是教育教学的一种策略,更是体现以学生发展为本,全方位育人的素质教育思想的一种方略,将课程建立在"大流通"上,通过学科间的"互循环",达到教育内容的最大化,教学效益的最优化。学期初,以年级为单位的"跨学科大教研"成为了一种常态,老师们越来越感觉到,各个课程之间不是"互不往来"的关系,而是有着"你中有我,我中有你"的关联。同时,学生对知识的接受,也不仅仅局限于课程与课堂,他们在课堂上会提出与其他学科相关的问题。我们的跨学科主题学习周就是从单纯的知识传授转向知识传授与能力培养、思维训练"兼顾融合"的综合方向发展。

好消息接连传来:2016年,全国核心期刊《上海教育》"中国最具变革力学校"专栏专题刊登我校跨学科课程统整实验;2017年《杭州市京都小学"水京灵"课程实施方案》在浙江省教育厅教研室组织的深化义务教育课程改革学校课程实施方案评比中获优秀案例奖,全省小学共50个方案获奖,我校是下城区唯一获此殊荣的学校;2018年3月,杭州市京都小学在"千课万人"全国小学"多元·融合"跨学科整合研讨观摩会做展示,省春蚕奖获得者、市教坛新秀洪俊校长介绍学校多层次、高融合、重个性的新学校课程体系,受与会专家好评;市教坛新秀、科学名师马林书记执笔语文、科学、品德、音乐、美术等多学科的跨学科统整教学研讨课《苔》,参加全国研讨观摩会,这是我们进一步更新观念、拓宽视野、丰厚底蕴,走好特色发展之路的良好契机。

苔花如米小,也学牡丹开。跨学科统整实验让京都小学这所曾经如"苔花"般默默无闻的学校,似牡丹般盛开在大舞台上。

莫春燕
2020年6月2日